Die Herausgeber

DR. IRMELA ARNSPERGER
DR. DAGMAR REICHARDT
BERND MAYER

Mit freundlicher Unterstützung des
Italienischen Außenministeriums
Ministero degli Affari Esteri

CIP-Kurztitelaufnahme der Deutschen Bibliothek

Bonaviri, Giuseppe:
Arlecchino 3
Himmelsreden, Lyrik von Giuseppe Bonaviri.
Übers. v. Dagmar Reichardt
Bretzfeld-Brettach: ComMedia und Arte Verlag Bernd Mayer,
2004.

1. Auflage 2004

Gesetzt aus der Stone Sans
Herstellung: Books on Demand GmbH, Norderstedt
Umschlaggestaltung Werner Rüb
ISBN3-924244-36-7

Vorwort
Aura der Ewigkeit: Bonaviris poetische Kosmosophie

Himmelsreden – Il dire celeste: Dieser Titel der ersten deutschsprachigen Gedichtsammlung von Giuseppe Bonaviri enthält bereits sämtliche Anklänge an das, was diesem (exil-)sizilianischen Dichter und Schriftsteller von Bedeutung ist. Da ist zunächst der Himmel, der bei Bonaviri stets eine galaktische Größe und physikalische Dimension, aber auch astrale Bilder, antike Mythen und Legenden veranschaulicht. Die „Reden" und Sagen hingegen, *Il dire* – die Himmels*reden*, rufen auf metaphorischer Ebene all die kollektiven und individuellen Erinnerungen auf, die sich der Dichter zu bewahren vornimmt. Dazu zählt die Geschichte seines Heimatdorfes Mineo auf Sizilien ebenso, wie die Vergangenheit und Zukunft unserer Zivilisation und die Historie der Menschheit insgesamt. Eine singuläre, autobiographisch konnotierte Familiensaga webt Bonaviri wo immer er textet in sein Wortmaterial ein: Die Anekdoten über seine Eltern, Geschwister, Kinder und Kindeskinder, über nahe und entfernte Verwandte und Freunde sind ein Merkmal seines Schreibens; Kosmos und Familienepos die beiden Pole, zwischen denen sich jede literarische Spannung in Bonaviris Texturen – auch in seinen Gedichten – aufbaut.
Bonaviris Kosmosophie ist eine animistische, zuweilen pantheistisch anmutende Weltweisheit, die den Kern seiner Dichtung bildet. Sie hat eine hoch poetische, memorialistisch aufgeladene, tief melancholische Note, der ein physikalisch-naturwissenschaftliches Interesse zur Seite steht. So evoziert der Himmel als Pars pro Toto die synästhetischen Nebeneffekte

von der Farblichkeit (himmelblau), über die Stofflichkeit (luftige Leichtigkeit) bis hin zur sphärenmusikalischen Assoziation (der poetische Duktus). Die Sprache ist für Bonaviri nie abstrakt, sondern genuin körperlich: Der Sprechakt verweist auf einen Sprecher, damit auf einen lebendigen Organismus, der, oft angetrieben von erotischer Begierde, die Dynamik in Bonaviris Welt perpetuiert. Der Himmel, im Sinne eines Himmelskörpers, ist märchenhafter Gedächtnisspeicher und biologischer Urquell des Lebens zugleich. Der autobiographische Code ermöglicht Präsentation (einer Problematik) und Repräsentation (wie die Enkelkinder in *Bambini a pesca*), indem die poetischen Bilder von Körpern erzählen, denen Bonaviri realitätsnahe Eigennamen verleiht. Übersinnliches lässt sich damit benennen, visualisieren, in eine Szenerie transferieren oder lyrische Formel kleiden.

Angesichts der Komplexität einer zwischen Empirie und Philosophie oszillierenden Wirklichkeit erhält die Seele die einzige Verbindung des Menschen zu seiner Umgebung aufrecht, zum Kosmos, zu der Natur, den anderen Geschöpfen oder den Verstorbenen, derer die lyrische Stimme etwa in den Gedichten *Piccola madre* oder *Duetto* ergreifend gedenkt.

Eine Aura der Ewigkeit umhüllt sie, eine kosmische Vision, die sich weder an der Kosmologie eines Giordano Bruno noch der einer Hildegard von Bingen, sondern vielmehr an dem orientiert, was die Chaosforscher David Layzer und Charles Jencks als die „kosmogenetischen" Wurzeln der Menschen beschrieben haben. Bonaviris traurige Gundstimmung, seine Todessehnsucht, ja lebenspessimistischen Aspekte entfalten erst in der komprimierten Text-

und Bildlichkeit seiner Gedichte ihre ganze ästhetische Qualität.

Bereits das erste Gedicht, *Al momento della mia morte*, das Bonaviri – so geht die Familiengeschichte – im zarten Alter von nur zwölf Jahren verfasst haben soll, behandelte das Thema des Todes. Viele der für die deutsche Anthologie von Dr. Irmela Arnsperger ausgewählten poetischen Kleinodien stammen aus dem Band *Il dire celeste*, der auch dem vorliegenden Buch den Titel gibt, in Italien 1976 zum ersten Mal erschien und seitdem mehrere Neuauflagen mal mit mal ohne begleitende Kurzprosa von Bonaviri erfahren hat. Einige Gedichte hat Bonaviri selbst mittels kurzer Anmerkungen teilkommentiert, die hier unverändert abgedruckt und übersetzt wurden, so dass der Autor den Gedichtkorpus bereits vor der Fremdkommentierung (seitens Übersetzer oder Herausgeber) auf einem zweiten Produktionsniveau punktuell schriftlich reflektiert.

Bonaviris Pessimismus wird nicht nur durch das kosmosophische Konzept des Kreislaufs und einer damit verbundenen zirkulären Stabilität aufgefangen. Es ist vor allem seine unbändige sprachliche Experimentierfreude – etwa in dem Schlussgedicht *Tutto lo mondo canta* –, die seine kosmische Lyrik oft genug um eine schwebende, heitere Ebene bereichert. So dominiert in einigen Gedichten ein bäuerlich-derber Humor (*Zaìd nel mandorleto in fior*), in anderen ein subtiler, pikaresk-ironischer Unterton (*Gianluigi prepotente*). Wenn unter dem Titel *Pane* alle Kinder hungrig nach dem frischen Brot gieren, das die Mutter verteilt, die das lyrische Ich spielerisch (mittels Paronomasie) mit einer Vogelstraußmutter in der Sahara vergleicht, wird der *puer aeternus* aus Mineo, der junge Giuseppe Bonaviri, wieder lebendig. Der Einfachheit des besungenen Inhalts steht eine sehr gewählte, gehobene Wortlage gegenüber, durch die weniger bekannte, hermetisch wirkende Mineralien, Wissenschaftlernamen, topographische Details, zoologische oder floristische Denominationen wissenschaftlich korrekt oder phantasievoll ornamental in die Versmelodie einfließen.

Auch durch den gezielten Einsatz fremdsprachlicher Ausdrücke weitet Bonaviri den Blick des Lesers. Durch russische, französische, englische, spanische, arabische, griechisch-lateinische oder sizilianisch-dialektale Einfärbungen ist seine Dichtung nicht nur international und polyglott, sondern auch komisch. Gerade die Gallizismen klingen oft ironisch, wie in der plakativen Darstellung der *Sorelle Pépulin*, die Bonaviri seinen drei möglicherweise unverheiratet bleibenden Schwestern 1950 gewidmet hat, oder im Gedicht *Il cardo*, in dem ein Stachelschwein namens Chatoeux die morgendliche Idylle aufmischt. Auch phantastische, z.T. an der Sciencefiction geschulte Parameter gewinnen vor allem für das Spätwerk Bonaviris zunehmend an Bedeutung und sind etwa in *I frati giuseppini* ein kunstfertiges Kompositionsmittel, das nicht nur die schier unendliche Einsamkeit dieser Ordensbrüder betont, sondern sie durch eine über-, fast außerirdische, sich infinitesimal brechende Metamorphose auch einer vergeistigten Dissolution zuführt, die kraft des poetischen Prinzips der Grenzüberschreitung Bonaviris Modell eines Systems unendlicher Beziehungen zwischen allem und allen transparent werden lässt.

Dagmar Reichardt

GIUSEPPE BONAVIRI

Il dire celeste
Lirica di Bonaviri

Annientamento

E gli alberi si fecero stecchiti
e protesero i rami ossuti come
i diti d'uno scheletro; e la terra
non pulsò più; e si fermò e s'aggrinzì
e si fe' scabra come scorza; e ogni uomo
s'irrigidì nello spasimo ultimo
della liberazione, e dentro l'aria,
ormai senza colore e senza tempo,
fu legnoso; e si spensero le stelle;
e due croste come di piaga furono
la luna e il sole nell'immensità;
e il viso mio fu di merda secca
nel morto lontanar dei mondi dove
non esisteva nemmeno il silenzio.

febbraio 1943

GIUSEPPE BONAVIRI

Himmelsreden
Lyrik von Bonaviri

Auflösung ins Nichts

Und die Bäume wurden dürr
streckten knöchern Äste aus
wie die Finger des Skeletts; der Erdball stockte,
stand still und wurde runzlig,
rau wie Rinde; die Menschheit erstarrte
im letzten Zucken hin zur Freiheit
in einer Luft ohne Farbe ohne Zeit,
und wurde zu Holz; die Sterne erloschen;
und Mond und Sonne in der Unendlichkeit
wie zwei Krusten auf einer Wunde wurden;
und mein Gesicht wie getrockneter Kot
in den erstorbenen Weiten,
wo nicht einmal Stille hörbar ward.

Februar 1943

Luna

Fievole me la nasconde il gelso
che s'imbianca,
e tremola di serenità
ogni cresta di monte
lontana ne la sera.
Questo chiaror dolce
che si distende nelle valli
e nei sassi lievi della strada,
sa di malinconia.
Le pene degli uomini
si trascolorano leggere
come l'aria che mi tocca,
ed il mio
desiderio di pianto
è fine come questo vento
che scende dalla luna.
I tetti che rilucono ed i lumi
incerti che si spengono
fanno stanca
la mia anima.
E vorrei morire sotto questo gelso
che s'imbianca, morire
sotto il cielo molle, piccolo,
nel silenzio della luna.

13 agosto 1946

Mond

Matt versteckt ihn der Maulbeerbaum
der weiß wird
froh erzittert
jeder Berggipfel
weit fern am Abend.
Diese süße Helle,
die sich legt über Täler
und über sanfte Wegesteine,
nach Wehmut schmeckt.
Die Last der Menschen
verblasst sachte
wie die Luft die mich berührt,
und mein
Wunsch nach Tränen
ist leise wie dieser Wind,
der vom Mond herüber weht.
Dächer, die leuchten und
vage Lichter, die verlöschen,
ermüden
meine Seele.
Ich will sterben unterm Maulbeerbaum
der weiß wird, will sterben
unter dem samtenen kleinen Himmel,
mitten in der Stille des Mondes.

13. August 1946

Le sorelle Pépulin

Le domeniche
nascevano con brusio d'api
da ogni pietra chiara, e lo specchio
apriva le loro immagini e nelle chiome brune
brillava una giovinezza inestinguibile.
Seguivano da un balcone radiante sole
la curva azzurra d'un fumo
vagabondo e il loro occhio la piegava;
uno sparviero agile
roteava sullo schermo a zig-zag dei monti.
Dietro loro sotto i legni bassi del tetto
lucido e via via più piccolo
(un cannocchiale capovolto li separava?)
s'apriva e si chiudeva la forma
d'un fratello gobbo.
Ma la sera veniva con la luna
che piana s'inoltrava per il colle deserto,
e le Pépulin si chiarivano
dietro le pareti di cristallo.

Die Schwestern Pépulin

Die Sonntage erwachten
unter Bienengesumm
über hellem Fels, im Spiegel
erschienen ihre Bildnisse und unstillbare
Jugend glänzte im braunen Haar.
Allein verfolgten sie vom Balkon in strahlender
      Sonne
die blaue Windung einer
vagabundierenden Rauchsäule und ihr Auge brach
ein quirliger Sperber
rotierte vor dem Zickzackschirm der Berge.
Hinter ihnen öffnete und schloss sich unter dem
niedrigen und immer kleiner werdenden
(trennte sie ein umgekehrtes Fernglas?)
glänzenden Holzdach die Form
eines buckligen Bruders.
Aber als der Abend kam mit dem Mond
der sich langsam legte über den einsamen Hügel
klar wurden die Pépulins
hinter kristallenen Wänden.

Però il cielo ruota
in un ritmo cadenzato d'astri,
e nella casa delle tre congiunte
(la madre è così vecchia ed esile
che il canto d'un gallo rosso sul mattino
la spezza in minute scaglie)
il sonno non sale con le sue spire
dal ruscello invisibile che salta fra i sassi.
Le Pépulin guardano,
in una antica veste di domenica non raggiunta,
la vallata in cui si riversa
in un continuo tinnire di monete il giorno,
e un flutto di vento sparge
fiori gialli,
e gli ulivi si intristiscono sotto le ombrelle immobili.
La tromba della vecchiaia squilla
alta sulle acute punte delle case,
e il paese sparso sembra
un piano senza erbe di piramidi egizie
entro i cui ghirigori bui le mummie
aspettano pazienti l'eternità.

marzo 1950

Der Himmel dreht sich
im gleichmäßigen Takt der Sterne,
doch bis ins Haus der drei Schwestern
(die Mutter ist so alt und schwach
dass der morgendliche Ruf des roten Hahns
sie zerreißt in winzige Splitter)
durchringt sich nicht der Schlaf mit den
      Windungen
des Baches, der unsichtbar hüpft zwischen Steinen.
Die Pépulins schauen,
im alten nicht erreichbaren Sonntagsgewand,
auf das Tal in das sich der Tag ergießt
mit ständigem Münzengeklingel,
und eine Windeswoge streicht
hinweg über gelbe Blumen,
und Oliven trüben ein unter starren Dolden.
Der Trompetenstoß des Alters erschallt
hoch oben auf den Häuserspitzen
und das weite Dorf erscheint
graslos wie die Ebene mit ägyptischen
      Pyramiden,
in deren dunklen Schnörkeln
Mumien geduldig harren der Ewigkeit.

März 1950

Festa in paese

Fra le mura
delle viuzze crepate dagli anni
s'avvicina e rimbomba la piccola banda.
Nella piazzetta il torronaio
sotto la tenda che sgocciola
grida la sua merce, e il torrone di ceci
fa lustri gli occhi ai ragazzetti
chiusi nel pallore delle loro carni.
I contadini s'asciugano le ciglia
con grandi fazzoletti rossi
e la loro anima è persa dietro
gli spari ritmati dei mortaretti.
La nuvolaglia s'abbassa rapida
sugli orli delle montagne
che si fanno nere, e la pioggia
e lunghi fili di nebbia
isolano sempre più
quel paese senza età né tempo.

aprile 1950

Dorffest

Zwischen den Mauern
vom Laufe der Jahre zerborstenen Gässchen
stürmt los tosend die kleine Bande.
Auf dem Plätzchen der Nougathändler
preist laut seine Ware unter
tröpfelndem Dach, Nougat und Kichererbsen
zaubern ein Glänzen in Kinderaugen,
in der Bleiche ihres Fleisches.
Mit großen roten Taschentüchern
trocknen die Bauern ihre Stirn
und hinter rhythmischen Böllerschüssen
verliert sich ihre Seele.
Rasch hinab sinkt das Gewölk
auf die Bergränder
die schwarz werden, der Regen
und lange Nebelstreifen
schotten ab immer mehr
dieses Dorf ohne Alter ohne Zeit.

April 1950

Ragazzo che compra ulive

Quando la voce del vento corre
fra le pietre dei vicoli
e la sera viene dagli ulivi della valle,
il lamento del ragazzo che compra ulive
corre il paese e urta le porte.
I contadini tornano dai viottoli
e i lumi delle loro piccole case
s'aprono e si chiudono. Il ragazzo,
col sacco su una spalla e il freddo rosso fra le dita,
cammina cammina cammina
e, quando tutto è silenzio, la sua voce è stanca,
e solo la vecchia dalla gobba a punta
lo aspetta, nel suo catoio,* con l'orecchio teso.
Ma in una stradetta affossata
dove c'è solo l'alito dei muli
posa a terra il sacco e vi appoggia la testa.
Per il calore delle ulive lo coglie il sonno
in un tintinnio uguale di suoni maliosi
e non sente i galli
che da tutti i vicoli annunciano la mezzanotte.

gennaio 1955

* Stanza a pianoterra, abitata da poveri.

Der Junge, der sich Oliven kauft

Wenn die Stimme des Windes rauscht
über die Steine der Gassen
und der Abend herniedersinkt im Tal des
        Olivenhains,
macht die Klage des Jungen, der sich Oliven kauft,
        die Runde
durch das Dorf und rüttelt an den Türen.
Die Bauern kehren heim aus den Sträßchen
und die Lichter ihrer kleinen Häuser
gehen hier und dort aus. Der Junge,
mit dem Sack auf der Schulter und roter Kälte
zwischen den Fingern,
läuft und läuft und läuft und
als alles still ist, klingt schwach seine Stimme
und nur die spitzbucklige Alte
erwartet ihn in ihrer Stube* mit lauschendem Ohr.
Doch in einer schmal durchfurchten Straße
über der nur mehr der Atem der Esel hängt wirft
er den Sack zu Boden und legt seinen Kopf zur
        Ruhe.
Durch die Wärme der Oliven überwältigt vom
        Schlaf
inmitten eines eintönigen Läutens bezaubernder
        Klänge
er die Hähne überhört wie sie ausrufen
aus allen Gassen die Mitternacht.

Januar 1955

* Ein Zimmer zu ebener Erde, in dem die Armen lebten
[ital.: *catoio,* Anm. d. Übers.].

Val Francesca*

Camminavamo lungo le acque verdi del Liri,
fra gli arbusti bassi e i ciottoli levigati,
su cui saltavano le rane.
Tu mi indicavi una donna che lavava
curva, in una insenatura scintillante,
e non sentivi che il tuo giovane cuore di donna
alitava sui pioppi dalle molte foglie e sull'erba dei
        prati.
Ci tenevamo per mano, e, in una radura,
in cui cresceva solo qualche macchia di rovo,
vedemmo una grande ruota
che con le sue palette apriva l'acqua,
in un ventaglio di piccole onde,
con un giro perenne come di morte e di vita.
Tu mi dicesti: „Bello",
e restasti chiusa nella tua contemplazione d'amore,
e non vedesti che sulla superficie uguale del fiume
si levavano gli uccelli della sera
che cantavano un loro cupo triste canto.

gennaio 1955

* L'autore si trovava lungo il fiume Liri a Sora (Frosi-
none) con Lina, allora sua ragazza.

Val Francesca*[1]

Längs des grünen Wasserlaufs vom Liri wir
        wandelten,
durch niedrige Stauden und über glatte Kiesel,
auf denen sprangen Frösche.
Du zeigtest eine Frau mir, die gebückt,
an einem glitzernden Wasserbusen wusch, und
du nicht gewahrtest wie dein junges Frauenherz
hinwegwehte über dichte Pappeln und Gräser.
An der Hand hielten wir uns und auf einer
        Lichtung,
auf der nichts als kleine Brombeersträuche
        waren,
sahen wir ein großes Rad, das
mit kleinen Schaufeln das Wasser hob
und ein Fächer schlug kleine Wellen
mit ewigem Drehen wie Leben und Tod.
„Schön" sagtest du versunken
in liebender Kontemplation
unbemerkt blieb dir, dass vom Flussspiegel
Abendvögel aufflogen die einfielen
in ein gar tristes dunkles Lied.

Januar 1955

* Der Autor befand sich am Fluss Liri in Sora (bei
Frosinone) mit Lina, seiner damaligen Freundin.

Spetrare

Soltanto ora sento in un lampo di coscienza
il tuo richiamo sul mio rettangolo di terra,
e suona come lontano spetrare senza scampo;
ma non so a che serve; è disamore il tuo
verso la mia memoria che è terrapieno d'erbe,
e di qua, sai, nell'umido terriglio che mi serra
e mi riduce a sgretolio di piccole membra
e sabbia, non serve a nulla, è tonfo senza eco.

Non è sonno profondo la morte, né lento
perdersi in un mare inconcepibile, ma asprura
di forze oscure il cui parallelogramma di linee
discende nella materia né finita né spenta
mossa da sordi impulsi molecolari
impenetrabili assurdi maledetti: figura
biologica senza senso se non fosse per gli imprechìi
tuoi che mi fanno aspirare all'unità perduta.

Perduta, filglio, in un precipitare dell'essere
dai fili rotti, foglie che cadono alle ventate
novembrine in un rumare d'ombre, presto
disperse capovolte frante. Per me è un navigare
oltre la Terra dentro un inclinato tempo
che è ellisse senza moto e senza suono.
Le nostre misure non coincidono più,
non serve l'annerita spirale che ti invischia il cuore.

Erweichen

Erst jetzt vernehme ich wie in einem Geistesblitz
deinen Hinweis auf mein Eckchen Erde,
und es klingt wie ein aussichtsloses fernes
        Erweichen.
Aber ich weiß nicht was es nützt, es ist lieblos von
        dir;
meine Erinnerung wie ein Erdwall aus Gras.
Und hier, weißt du, in der feuchten Erde die mich
        hält
und mich zu kleinen Gliedern und Sand zerbröckelt,
nutzt es gar nichts, wie ein Donner ohne Hall.

Kein tiefer Schlaf ist der Tod, auch kein langsames
Sich-Verlieren im ungewissen Meer, sondern Härte
dunkler Mächte, deren Parallelogramm aus Linien
in die Materie sinkt, weder endlich noch
        verloschen,
sondern angetrieben vom tauben Molekularimpuls
unergründlich absurd und verflucht: eine
        biologische
Figur ohne Sinn, wären da nicht deine
        Verwünschungen,
die mich erinnern an verlorene Einheit.

Ich bin verloren, lieber Sohn, im Absturz des Seins
unterbroch'ner Fäden, wie Laub, das im
        Novemberwind fällt,
im Drangsal der Schatten, die schnell kippen und
sich brechen. Es ist ein Segeln jenseits der Erde
innerhalb einer schrägen Zeit die da ist
wie eine Eklipse ohne Antrieb ohne Ton.
Unsere Relationen nicht mehr sich decken, ohne
Sinn ist die schwarze Spirale dein Herz umgarnend.

Non potrò più come facevo con voi bambini
baciarvi leggero come irraggiamento lunare
e dirvi: „Il vostro, figli, è il sonno
dell'innocenza senza limitare“. Tu batti
ancora sulla mia poca terra senza fiori
ma non ci sarà memoria d'aurora
fra tè e me, ne ritroveremo
la superficie che ci unirà.

Né quando la tua vita sarà rotta (oh
ti sia dolce il franamento dell'essere!)
il tuo ossessivo sentimento vibrerà
sui montani asfodeli di Camùti, possesso
d'un'epoca che fu, né legame ci unirà
ma un cadere in una irrazionale
dimensione di spaziotempo che non è
mieloso fior di ficodindia ma infinita perdizione.

Ich kann keinen Kuss mehr hauchen wie als ihr
          Kinder
ward, euch wie der Mond in Licht eintauchen und
          sagen:
„Euer Schlaf, liebe Kinder, der Schlaf der Unschuld
          ist,
ohne Schranken." Auf meine blumenlos karge Erde
          noch
schlägst du ein doch
es wird kein Aufleuchten der Erinnerung mehr
          geben
zwischen dir und mir, und nie wieder werden wir
eine Fläche finden, die uns vereint.

Und bricht dein Leben ab (auf dass er nur süß sei,
der Zusammenbruch deines Lebens!), der
          Überschwang
deines Gefühls vibrieren wird über
          Asphodillenanhöhen von Camùti,[2]
Besitztum ferner Zeiten, und keine Bindung uns
          mehr bleibt,
nur der Fall in irrationale Dimensionen
im Raum-Zeit-Gefüge das nicht gleicht süßlichem
Feigenkaktus, sondern unendlicher Verdammnis.

Giovinezza

Curvo sulla stoffa, l'ago in un piccolissimo
scintillio seguiva le tue dolci dita,
mentre da fuori nella stradalunga
veniva in vampa il tramonto di maggio.
Tornavo dall'avere con frammento
di specchio abbagliati rondoni, finiti
a terra con un ultimo svolto in lamento
pigolante. La bottega era pulviscolo rosa.

Nel tenue ballar d'aria tu seguivi,
sempre curvo, gugliata su gugliata
in un perenne cedimento di occhi
che stanchi mi guardavano con pensosa
bontà infinita. Mi sedevo accanto
a tè e a Vincenzo e a Luigi Zizì,
e il chiarore da roseo si faceva lunare
sui primi pipistrelli battenti muro a muro.

Accendeva Vincenzo Jaluna il lume
a petrolio, e tu sempre curvo anche
quando rientravano di campagna i contadini
e le folate di vento dal vallone oscuro
della Fadda portavano odore di frumento
verde e mandorli. Giù giù, il torrente
Fiumecaldo in immobile lontananza
levigava granchi e pietre bianche.

Jugend

Über Stoff gebeugt folgte schwach aufblitzend die
        Nähnadel
deinen lieben Fingern, während draußen im Mai
von der Langen Straße her glühend
die Abenddämmerung hereinbrach.
Ich kam heim, hatte zuvor mit Splittern eines
        Spiegels
Mauersegler geblendet, die auf der Erde endeten
        mit
klagenden Piepen in einer letzten Kurve. Der Laden
        staubig rosa.

In der leicht tanzenden Luft folgtest du,
stets gebeugt, Fadenlänge um Fadenlänge
mit ewigem Herabsinken der Augen
die mich müde anblickten in nachdenklich
unendlicher Güte, setzte mich zu dir
auch Vincenzo und Luigi Zizì,
und die rosige Helle zur Mondsilhouette wurde,
erste Fledermäuse flogen von Wand zu Wand.

Die Öllampe entzündete Vincenzo Jaluna,
und du stets gebeugt, noch als die Bauern
zurückkehrten aus der Campagna[3]
und mit den Windböen emporströmte
vom dunklen Tal der Fadda[4] der Geruch grünen
Mandelgetreides. Weit unten polierte
der Fluss Fiumecaldo in regungsloser Ferne
Krebsschalen und weiße Steine.

A notte alta allorchè c'era sui tetti
la luna in una dolciura d'acqua,
seguivi con accanimento le tue eterne
gugliate. Tutto questo a nulla è servito
se non a invecchiarti nella tua stessa
giovinezza che fu un oltraggio, e di te
mi resta lo strazio d'una memoria che è
corsa indietro, negli anni, alle tue radici.

Tief in der Nacht als auf den Dächern
der Mond süß wässrig stand,
zäh du folgtest deinen ewigen Fadenlängen.
All das hat nichts genutzt außer
dass du gealtert in deiner Jugend
die schmachvoll war und blieb von dir
nichts als Qual der Erinnerung im Rückwärtslauf
durch die Gezeiten bis hin zu deinen Wurzeln.

Piccola madre

Penso al tuo basilico che, sul balcone,
non annacquato si scolora, verde; per il resto
è muro, e vetri chiusi, piccola madre mia,
bella come capinera che perde quota
sui campi di fave, ma il tempo ci chiude
nell'aridità degli anni, e attorno a noi
il giorno si incenerisce; la luce mi lima
come chiarissimo grumo di tenaci memorie.

È antimateria che ritma l'eternità. Tu, madre,
eri falena in festa attorno a un lume.
Ce ne erano tante a Camùti nelle sere di maggio
e settembre, mesi del nostro umile villeggiare
su quell'alture solitarie, e tu, quando
era alta la voce dei cani, e i grilli
morivano in dolcezza nelle stoppie, ci mettevi
nel letto grande, io Turi Vincenza Maria Ida.

Che più bello d'allora? Per noi fuori
non c'erano grilli ma neniose tele di sonno
che ci incalzavano verso trasparenti rupi
mentre trombe alte suonavano in cielo
e in terra dentro la precipite notte.
Resta un non-senso desolato senza il sentiero
dei fiori di maggio di Camùti, ma un'erba
cinerina ci àlia sugli occhi e ce li oscura.

Mutter klein

Ich denke an dein Balkonbasilikum –
ohne Wasser verbleicht das Grün;
weiter nichts als Wand und geschloss'ne Fenster,
    meine
Mutter klein,[5] schön wie die Grasmücke versinkt
in Ackerbohnenfeldern, für uns ist die Kälte der
    Jahre versiegelt,
aschfahl wird um uns herum
der Tag und das Licht mich quält
wie ein scharfkantiger Klumpen eines zähen
    Gedenkens.

Die Antimaterie bestimmt den Takt in der Ewigkeit.
Du, Mutter, warst wie die Motte nahe am Licht.
Es gab viele von ihnen an den Abenden auf Camùti
im Mai und September, schlichte Ferien auf
einsamer Hochebene, da du, wenn die Hunde
    heulten
und die Grillen einen süßen Tod starben im
    Stoppelfeld,
ins große Bett legtest mich Turi Vincenza Maria
    Ida.[6]

Was schöner als damals? Für uns gab es gar
keine Grillen draußen, nur einlullende Spinnennetze
im Schlaf die zu durchsichtigen Felsen sich erhoben
während Trompeten ertönten hoch oben im
    Himmel
und auf Erden, inmitten hereinfallender Nacht.
Was bleibt ist öde Sinnleere ohne den Pfad
mit den Maiblumen auf Camùti, stattdessen
aschgraues Gras flattert uns in die Augen und
    verdunkelt unsere Sicht.

Dialogo tra il figlio e il padre morto

„Giuseppe, son tornate le gru con le nuvole,
e per noi non è più tempo d'arare, la terra
è brulla – partire occorre per Camùti
in cerca delle grotte colme di chiocciole.
Prendi, figlio, bisaccia, pane e miele." „Andiamo,
padre, ma tu sei ormai ombra che si interra,
s'è rotto il cerchio, non senti? Sui pendii, viole
non vedrai né ulivi o in cespugli rute."

„M'accorgo, figlio, che la mia memoria sfiochisce,
e vivo ininterrottamente in un giorno
che non ha confini. Nella nostra casa
tuo fratello s'aggira solo e sui muri lisci
si spampana la parietaria invasa
da un fumo maligno, granelloso. Andiamo;
a Camùti si scioglierà questa tempesta
che mi avvince nel turbinare sordo."

Dialog zwischen Sohn und totem Vater[7]

„Giuseppe, die Kraniche kommen zurück mit den
    Wolken
vorbei die Zeit des Pflügens, kahl die Erde
ist. Lass uns nach Camùti[8] gehen
und suchen Grotten voller Schnecken.
Nimm du Sohn Quersack, Brot und Honig." „Ja,
    Vater,
gehen wir, aber längst bist du Schatten der die
    Erde sucht
der Kreis ist durchbrochen, merkst du es nicht? Am
    Hang
siehst du keine Veilchen, Oliven, Rautebüsche
    mehr."

„Ich merke, Sohn, wie die Erinnerung verblüht,
und ich lebe unaufhörlich den Tag
der keine Grenzen kennt. Es schleicht dein Bruder
einsam durch unser Haus und auf der glatten Wand
verwelkt das Glaskraut denn ausgesetzt ist es
einem bösartigen rauen Rauch. Gehen wir;
auf Camùti wird der Sturm sich auflösen
der mich ergreift im tauben Wirbel."

„Ti si ruppe, padre, arteria nel cervello
che dai Numi non ti fu prescritta vecchiezza,
ed io ti sento appena come lontano frantumarsi
di onde nel cavo di conchiglia moribonda.
È inutile chiamarmi in scintillamenti
magnetici che per me son tenerezza
penosa. Avremo uguali destini
dentro la concava barca che ci aspetta.“

„Figlio, attorno ho tenebrore, non chiarità
di mandorli, ed io, lo sento, mi disperdo,
senza più figli dolci come
i rossi pomi di Camùti in tenuità
di vento. Le tue parole sono oscuro lume.“
„Qui, padre, i fanciulli suonano con mani d'oro,
ma tu non senti, il tuo sangue in questa ora
meridiana che riempe la terra arsa e il mare.“

„Vater, eine Ader ist geplatzt dir im Gehirn
ein hohes Alter dir haben die Götter nicht
        zugedacht
und ich höre dich kaum mehr, nur ein entferntes
Wellenbrechen im Hohl einer sterbenden Muschel.
Sinnlos mich zu rufen im magnetischen Glitzern
das für mich nur schmerzliche Zärtlichkeit ist. Uns
        erwartet
das gleiche Schicksal im bauchigen Boot.“

„Sohn, um mich herum ist Finsternis, keine Helle
von Mandeln, und ich fühle wie ich mich verliere,
ohne meine lieben Kinder die sind wie rote Äpfel
auf Camùti im zarten Wind.
Deine Worte – dunkles Licht.“
„Hier, Vater, die Knaben spielen mit gold'ner Hand,
aber du hörst sie nicht, dein Blut in der
        Mittagsstunde
füllt die verbrannte Erde und das Meer.“

Il cardo

Omino che guardi nel crepaccio,
sono il cardo incurvato dallo spazio
in una rotante simmetria di fiori
che a sud percepiscono arie
vespertine ardenti sui sassi;
a nord. Annali ed Epigrafi della città
morente nella residua malachite.
L'agghindata Aribornò tra veli
mi parla delle pallide viole meste,
quando lo spirito del mondo porta
telluriche energie alla lepre alla ghiandaia all'istrice
        Chatoeux
sotto la mattinale nebulosa del Granchio.

Die Distel

Kleiner Mann, der du schaust in die Felsenspalte
ich bin die vom Raum gebogene Distel
in einer rotierenden Symmetrie von Blumen
die im Süden abendliche Lüfte fühlen
auf brennenden Steinen, gen
Norden. Annalen und Epigraphe der Stadt
die in den Überresten des Malachits[9] erstirbt.
Mir erzählt die herausgeputzte Aribornò
zwischen Schleiern von blass traurigen Veilchen
während die Weltenseele Erdenergien ausstrahlt:
an den Hasen den Eichelhäher das Stachelschwein
        Chatoeux
unter morgendlichem Nebel des Krebses.[10]

Qamùt

Per la terra di Qamùt
sette mila capre pascolano
nelle grotte intenebrate
per euforbie e artemisie.
I ragazzi Ozabèl, Alìfìo e Sàmir
derivano da calcedonio e zolfi
i grandi giri del sole
su torti cespugli di balsamo
dove il basilisco cova
purpuree uova.
Nel fulgore della prateria
percorsa dall'errabondo onagro Nun
in onde aguzze di vento,
Ozabèl succhia i piccoli
fiori del miele, Alìfìo
rincorre ragni in uno speco,
immobile Sàmir ascolta
la terra
declinare lungo l'equatore.

Qamùt[11]

Im Land des Qamùt
weiden sieben Tausend Ziegen
in schattigen Grotten
zwischen Wolfsmilch und Beifuß.
Die Jungen Ozabèl, Alìfìo und Sàmir
kommen aus dem Chalzedon[12] und dem Schwefel
den großen Sonnenkreisen, die
über gekrümmten Balsamsträuchern stehen,
wo brütet der Basilisk
purpurrote Eier.
Im Glanz der Grassteppe
wo der Onager[13] namens Nun umherschweift
in spitzen Windeswellen Ozabèl
an den kleinen Honigblumen
saugt und Alìfìo hinter
Spinnen in eine Höhle jagt
unbeweglich Sàmir lauscht
wie ganz langsam
die Erde
längs des Äquators untergeht.

I vecchi

Come gufi, i vecchi
sui minerali segnano
opinioni e scienza.
L'incappucciato Stìlpone
nel bianco allume riporta
il privilegiato sapere;
mio nonno Shimòn cerca
la luce
in pietrosi cespugli marini.
Più in là, Pompon
in preda ad intenerimento
graffisce sulla pingue ematite
la Giocondità;
e Bewar, allontanando da sé
biasimevoli Ira e Timore,
medita sulla perduta Bontà.
In cerchio attorno a loro,
ora che a notte in una grotta
dormono uccelli e pallidi fanciulli,
sette contadini suonano
bombardino e viola d'amore.

Die Alten

Wie Eulen verzeichnen die Alten
auf den Mineralen Meinungen
und Wissenschaft.
Der mit Kapuze umhangende Stìlpone
auf weißem Alaunstein das
privilegierte Wissen preisgibt;
mein Großvater Shimòn
das Licht sucht
in steinernen Unterwasserbüschen.
Weiter weg Pompon
in zärtlicher Anwandlung ritzt
auf fetten Roteisenstein
die Kunst des Frohsinns;
und Bewar meditiert
tadelnswerte Wut und Furcht vertreibend
über die Verlorene Güte. In
einem Kreis um sie herum, jetzt
da nachts in einer Höhle schlummern
die Vögel und blassen Knaben,
sieben Bauern musizieren auf einem kleinen
Bombardon und einer Viola d'amore.

Le tavole

Alùlia sospingendo passo e cuore
in cerca di gore, pozzi, acque lustrali
lasciò segni e sapienti numeri
su tavolette e sassi di onice.
Zéphir, figlio, quando muore
un melograno cògline ad oriente
le radici per frenare
gli umori dell'occhio;
se spira austro nei tronchi cavi
ascoltalo; venera il suono
e sotterralo tra uova di serpe
nella pietraia.
Se la tua mente si smarrisce
nello splendore serale della parietaria,
pensa alle monadi indivisibili
che hanno sopravvento nel cosmo;
nell'undicesimo giorno di luglio,
quando sei nato, chiama lo zolfo,
il vecchio Stìlpone, la conchiglia
chiusa al Granchio;
non ti curare del desiderio,
di ciò che ruota o erra,
della natura del tuo corpo
che presto caduto avrà oblio
con la foglia dell'eucalipto
nelle scure acque Immense.
I contadini di Qalàt ritrovate
le tavole per ortiche, fossi
e cigli luminosi,
le riportarono sulle sabbie
per ricordarsi „Del Principio e del Nulla".

Die Tafeln

Schritt und Herz vorwärtstreibend Alùlia
auf der Suche nach Tümpeln, Brunnen und
    Weihwasser
Zeichen hinterließ auch weise Nummern
auf kleinen Tafeln und Steinen aus Onyx.
Zèphir, Sohn, wenn ein Granatapfelbaum stirbt
ihm die Wurzeln gen Orient gerichtet abbreche
um die Stimmungen des Auges zu zäumen;
wenn der Südwind in hohle Baumstämme strömt
höre ihn an; verehre seinen Klang und begrabe
ihn zwischen Schlangeneiern
im Gestein.
Wenn sich dein Geist verirrt
im Abendglanze des Glaskrauts
an die unteilbaren Monaden denke
die im Kosmos Aufwind haben;
am elften Tage im Juli da du geboren bist[14]
rufe an den Schwefel, den alten Stìlpone, die
geschloss'ne Muschel im Zeichen des Krebses;[15]
nicht achte auf das Begehren
was dreht oder irrt,
nach der Natur deines Körpers
der wie das Blatt vom Eukalyptus
schon bald sein Gedächtnis verliert
im dunklen Abgründigen Wasser.
Als die Bauern aus Qalàt[16] die Tafeln fanden
zwischen Brennnesseln, Gräben und
leuchtenden Säumen,
brachten sie sie zurück in den Sand um sich
zu erinnern an „Den Anfang und das Nichts".

Il sarto al-Aggiàg

Quando mio padre, il sarto al-Aggiàg
morì, dai tetti il banditore
lo disse alla pioggia che cadde
vermiglia sulle rocce.*
Verso sera Stìlpone e Archita
osservarono che al-Aggiàg
in cinquecentotrentadue anni lunisolari
diventava il principio del Solstizio
del cosmo, ma il nanetto Lili disse
a mio nonno, il vecchissimo Shimòn,**
che era un parlare oscurissimo.
Misurato il morto, gli pose
tra le mani una clessidra rovesciata
per farlo lentamente precipitare
all'in giù nell'incommensurabile tempo.
Quanto sopra appuntò su elitre
di scarabeo nel suo libro *Sull'anima*.

* Il padre dell'autore morì per emorragia cerebrale.
** Si ricordi che il nonno dell'autore morì novanten-
ne, qualche anno più tardi del figlio.

Der Schneider al-Aggiàg

Als mein Vater starb, der Schneider al-Aggiàg,[17]
verkündete es der Ausrufer auf den Dächern
dann dem Regen, der zinnoberrot
hinabfiel auf die Felsen.*
Gen Abend Stìlpone und Archita beobachtet
hatten, dass al-Aggiàg binnen
fünfhundertzweiunddreißig Mondsonnenjahren
zum Anbeginn der kosmischen
Sonnenwende werden würde, doch Zwerg Lili
dem Großvater, uralten Shimòn,** sagte,
dass dies undurchdringliche dunkle Worte.
Als der Tote gemessen, legte er ihm
zwischen die Hände ein umgestülptes Stundenglas
damit er nur langsam nach unten stürze
in die Unermesslichkeit der Zeit.
Das schrieb er alles auf die Flügeldecke
eines Skarabäus in sein Buch *Von der Seele*.

* Der Vater des Autors starb an einer Gehirnblu-
tung.
** Man bedenke, dass der Großvater des Autors erst
neunzigjährig verstarb, wenige Jahre nach seinem
Sohn.

I frati giuseppini

Nella pianura che in lontananza
ha la luminaria della metropoli,
i frati giuseppini, tra arcate,
rotonde e inestricabili gallerie,
avendo raggiunto la stupefacente
età di cento anni, incaricarono
frate Onorio, esperto in arte meccanica,
di costruire in legno di rosa
un morto, cui fece l'anima
con ametista, teriaca* e luci
dell'Acquario.
Quanto sopra per non dimenticare
l'oscura rappresentazione del Caduco.
Quando la mezzaluna cadde
nelle vicine funeree lave, i vecchi
sette frati cantarono
tra lucerne ad olio sotto colonne
ornate di piccoli uccelli bianchi;
in verità ognuno, leggendo
con sottigliezza di mente nei mille
e tre frammenti detti
del corno e dell'enigma, si sperse
in una suddivisione all'infinito
di micro-segmenti del tempo.

* Medicamento arcaico, ritenuto un toccasana e
contravveleno.

Die Brüder Giuseppini[18]

In der Ebene wo weit in der Ferne
das Lichtermeer der Großstadt funkelt,
die Brüder Giuseppini unter Arkaden, Rotunden
und unentwirrbaren Gängen
hatten das erstaunliche Alter von
einhundert Jahren erreicht, übernahm der Bruder
     Onorio,
erfahren in der Kunst der Mechanik,
einen Toten zu bauen aus Rosenholz,
mit einer Seele aus Amethyst, Teriaca* und
Lichtern im Zeichen des Wassermanns.
Das sollte geschehen um nicht zu vergessen
die dunkle Darstellung der Vergänglichkeit.
Als der Halbmond fiel ins nahe gelegene
trübsinnige Lava, sangen die sieben
alten Brüder inmitten Öllampen
unter Säulen, geschmückt
mit kleinen weißen Vögeln;
in Wahrheit war es so, dass als sie
scharfsinnig lasen in den tausend
und drei Fragmenten, bekannt als die
des Hornes und des Enigmas, jeder sich
verlor in einer unendlichen Unterteilung
von Mikrosegmenten der Zeit.

* Archaische Medizin, die als Allheilmittel und Gegengift galt.

Duetto

(Si senta in sottofondo un violino.)

Il figlio
O mamma, madre madre, il tramonto
si incordoglia sulla mia anima curva,
sull'alma tua che veglia. Ed io mi svoglio,

o madre, e mi dolgo, sentendone il soffiare
sul cavaliere errante nella valle
dove la nebula del sole muore!

La madre
O figlio preziosa gemma in tenerello
corpo, o rosignolo in ulivo, e spazio e tempo,
dall'abisso verranno preclare stelle blu.

E dal balcone del nord, la luna,
che incatena in negrore, e biancore,
margherite e rive di ruscelli.

Il figlio
O madre che mi hai dato spin d'elettroni e sangue,
la terra si incerchia in cenerognola foglia,
non ho letizia nel lumeggiare d'ombre.

Duett

(Im Hintergrund ist eine Violine zu hören.)

Der Sohn
Oh mamma, Mutter Mutter, die Dämmerung
mit Gram sich knotet in meinen Geist,
in deine wachende Seele. Und ich mag nicht mehr,

oh Mutter, und ich kann nicht mehr, wenn ich
			diesen
Hauch spüre der auf den umherziehenden Ritter im
			Tal weht
wo die Sonne dunstig erstirbt!

Die Mutter
Oh Sohn, du wertvolle Knospe im zarten Körper,
oh Nachtigall im Olivenhain, sowohl Zeit als auch
			Raum,
aus dem Abgrund kommen glänzend blaue
			Sterne.

Und vom Nordbalkon, der Mond,
gekettet in Schwarz, sieht strahlendes Weiß an
Margeriten und Bachufer.

Der Sohn
Oh Mutter, die du mir gegeben hast ein Rückgrat
			aus
Elektronen und Blut, der Erdkreis haftet am fahlen
			Blatt,
kein Glück finde ich im Lichte der Schatten.

La madre
O meschinello figlio, e infogliato rosignolo,
o allegranza! non sai che il grano si intenebra
nei 5 neri della notte?*

Non ha più allumamento il sole sulla rupe,
si oscura il gravitazionale cielo,
verrà in elemosina per villaggi la luna.

Il figlio
La luna in sonante tamburello mi appaura,
ha arancione itterbio, ed elio; nel cigno lunare
c'è del morire l'oscillante Arcano.

La madre
O figlio, mio polmone e cuore tramortito,
per costumanza in lamento verrà il grillo,
ti riallatterò nella profondità del mondo!

Col mio manto andrai come carnale pietra
per le acque mortali della luna, e dalle rive
ti seguiranno il gallo, la Chimera, il mio occhio in
       splendenza.

* Da intendere in senso mitico-pitagorico piuttosto
che in senso reale.

Die Mutter
Unseliger Sohn, im Laub verkrochene Nachtigall, du
Frohgemut! Weißt du nicht, dass das Getreide
eintrübt in den 5 Schwarzen der Nacht?*

Die Sonne auf dem Felsen flackert nicht mehr,
es verdunkelt sich die Schwerkraft am Himmel,
und der Mond wird zum Betteln an die Dorftüren
        pochen.

Der Sohn
Der Mond im hohlen Tamburinklang mir Furcht
        einflößt,
orange gelbsüchtiges Helium im Schwanenmond,
        und
das Große Geheimnis dem oszillierenden Sterben
        gilt.

Die Mutter
Oh Sohn, meine Lunge und mein betäubtes Herz,
        du
aus alter Sitte die Grille zum Trauern kommt,
ich werde dich wieder stillen in der Tiefe der Welt!

Mit meinem Mantel wirst du wandeln wie ein Stein
        aus Fleisch
über die sterblichen Wasser des Mondes, und vom
        Ufer aus
dir folgen werden der Hahn, die Chimäre, mein
        Auge im Glanz.

* Das ist in einem mythisch-pythagoräischen Sinn
und nicht wirklich real zu verstehen.

Venerdì santo

In nome del padre morto nel mese marzolino*
(oh come l'albero e il fiore ridono
e si incanta l'uccellin!) oggi si intomba
Gesù piccolo omicello blando. Accanto
donne in scialle nero ferme tengono fiori
in bianchezza violetta di fave novelle.
Suona la tromba lunga, lunghissimamente
piange su pratelli e in forra.

Nell'occhio come usta mandorla oscura
muore in tempesta e in tempestate l'omicello Gesù,
con mantello verde lo coprono femmine; nel
        mondo
l'artemisia succhia a terra cupa, e là dove fiorisce
il selenetropio gode il pavone in ruota,
gode il porcellin! Sulla luna passano
le Pleiadi lontane 25.000 anni-luce
aperte ai sette orienti che rilucono.

* Il padre dell'autore morì il 18 marzo 1964, e a lui
si assimila Gesù morto del Venerdì Santo.

Karfreitag

Im Namen des Vaters, gestorben im Märzmonat*
(oh wie lachen der Baum und die Blume und
bezaubert der Vogel ist), heute wird Jesus zu
Grabe getragen, kleiner sanfter Mann. Nebenan
halten Frauen in schwarzen Tüchern Blumen fest,
deren Weiße violett wie neue Ackerbohnen.
Es ertönt die lange Trompete, unerhört lang
weint sie über kleine Wiesen, hinab in die Klamm.

Im Auge, wie eine gebrannte Mandel so dunkel,
stirbt der kleine Mann Jesus in Sturm und
        Bedrängnis,
mit einem grünen Umhang ihn die Frauen
        bedecken;
hienieden der Beifuß an düsterer Erde saugt, und
dort wo das Selenotrop[19] blüht, sich freut der Rad
        schlagende Pfau,
sich freut auch das Schweinchen! Vor dem Mond
        zieh'n vorbei
die Plejaden, entfernt 25.000 Lichtjahre, hin
offen zu den sieben Orienten, die funkelnd
        schimmern.

* Der Vater des Autors ist am 18. März 1964 ver-
storben, und ihm gleicht Jesus, der am Karfreitag
starb.

Ribèca

Ribèca ribèba rabàb violino
che mio padre defunto suona
dalla montagna della morte.
Attorno è sottilissima l'aria
senza grano né giuliva calandra,
ma in chiarezza magnetica
mio padre piange; tutta
la sua ombra è piangente
per la perduta ruota della mente.

Solo, mio padre è in splendenza
di lacrime, e al suo suonare
di là nel profondo
sulla terra, che sotto stelle va,
per alture e riviere nasce
in giallura il croco; gorgheggia l'usignol,
capre lente vanno alla pastura.

Ribèca ribèba rabàb...

Ribèca

Ribèca ribèba rabàb Violine
die mein verstorbener Vater spielt
vom Berg des Todes. Dort
ist die Luft ganz dünn ohne
Korn und heiterer Kalanderlerche
aber in magnetischer Klarheit
mein Vater weint; sein ganzer Schatten
um den Verlust weint von dem,
was das Rad seines Verstandes gewesen.

Einsam ist er, mein Vater im Glanze
seiner Tränen, und bei seinem Spiel
jenseits im Tiefen auf der Erde,
die unter Sternen sich dreht,
auf Ebenen und Uferrändern sprießt
safrangelb der Krokus; die Nachtigall tiriliert,
langsame Ziegen streben zur Weide.

Ribèca ribèba rabàb...

Temporale a Camùti

1°) Era in cammino Orlando
per fior vermigli e gialli,
in smarrenza se ne andava
sotto carrubi per valli.
Il suo corno d'oricalco
ritremò sonante.

       2°) Lassù sull'altopiano
       in giorno, e sassi brulli,
       la novella fronda, il falco,
       la capra e i 6 fanciulli
       sentirono tribolarsi il corno
       per fave e grano in seta.

3°) Venivano in pesanza d'acqua
nuvole, il tuono andò
di giogo in giogo
per mancamenti di luce.
Oh, com'era stanco Orlando
con corno e spada sonanti!

       4°) In negrore divenne la terra,
       in negrore la capra.
       Dalla casa di campagna
       piena di grilli in paura,
       la madre chiamava
       i figli e le figlie.

Gewitter auf Camùti[20]

1.) Auf dem Weg sich Roland befand
durch Blumen hochrot und gelb,
verloren wanderte er voran,
unter Johannesbrotbäumen im Tal
wo sein Blashorn aus
Chrysokalk[21] zitternd ertönte.

    2.) Dort droben auf der Hochebene
die nackten Steine tagsüber hörten,
das frische Laub und der Falke,
die Ziege und die 6 Knaben, wie
das Horn sich abquälte zwischen
Ackerbohnen und seidenem Korn.

3.) Wasserbeladen schwer zogen
Wolken auf und der Donner
von Joch zu Joch grollte ohne
einen Schimmer des Lichts.
Ach, wie war er müde, Roland,
mit tönendem Horn und Schwert!

    4.) Schwarzdunkel die Erde wurde,
schwarzdunkel die Ziege auch.
Vom Landhaus her, das
ängstliche Grillen barg,
die Mutter rief nach ihren
Söhnen und Töchtern.

5⁰) „*O figliolette e figli, pettini d'argento*
e cavallini su rocce chermes."
L'uccello tortora che fra gessi
covava l'uovo, il suo flautello
chiuse nell'ulivo in lumiera.
Oh come si increspava il sole!

    6⁰) Malaventura era
    al cavaliere Orlando
    in paura. Il corno
    da valle in cima pietrosa
    creava per oscillamenti spazio,
    l'erba bianca artemisia
    aveva perduto il tempo.*

7⁰) Si chiudevano d'argento i fiorelli,
perpetuamente
rimbombò il tuono,
sopr'acqua se ne andò il sole;
da rosso – in giallo e nero
furono i fanciulli e la madre.

* A causa del gran temporale estivo.

5.) *„Oh Töchterchen und Söhne, silberne*
        Haarkämme
und Rösslein auf kermesrotem Stein."
Die Turteltaube, die im Kreidefels
überm Gelege gebrütet, ihren Singsang
im leuchtenden Olivenbaum beendet.
Oh, wie die Sonne sich kräuselte!

     6.) Unglück geschah
     dem angsterfüllten
     Ritter Roland. Das Horn
     talaufwärts hoch in steinerne Gipfel
     stieß schwingend den Raum zur Öffnung,
     das weiße Gras der Edelraute
     hatte die Zeit vergessen.*

7.) Silbern die Blümelein sich verschlossen,
unaufhörlich
der Donner hallte,
über dem Wasser die Sonne verschwand;
erst rot, dann gelb und schwarz
die Kinder und Mutter wurden.

* Auf Grund des starken Sommergewitters.

Il ritorno della vecchietta

Tutta in cristalli arriva la vecchina
(per lei ride l'uccello, per lei fiorisce
il croco, ulivi in zolle
e nubi sono in cammino.)

I pretini in sordina dalla torre campanaria:

„O enigma nostro, e salvamento,
lume nero d'acque, e
consolamento, dacci
le parole morte, e lapilli;
per vallùre, e monti, i venti.“

Da vicoli, verginelle alla madre
portano cannelle,
la vespertina foglia dell'assenzio.
Di qua vecchie offrono pane
al cavalluccio, alla gallina,
al bambino morente fino.

Viene sera sulle rocce
in gemme d'orzo, la madre
pensa alla ninnananna
cantata al figlio nella notte
che dà nutrimento
a rive secche, a mandorli.

Rückkehr der Alten

Ganz kristallen kommt die Alte daher
(da lacht der Vogel, da blüht der
Krokus, Olivenbäume auf
Erdschollen, Wolken wandern voran.)

Die Priesterlein leise vom Glockenturm her:

*„Du unser Rätsel, du uns're Rettung,
schwarzes Licht des Wassers und unser
Trost, gib uns
tote Worte und Lapilli;[22]
über Täler und Berge, die Winde."*

Aus den Gässchen bringen Jungferchen
ihrer Mutter Zimt herbei,
das abendliche Blatt des Wermuts.
Hier reichen ein paar Alte Brot dem Pferdchen,
dem Huhn und auch
dem sanft sterbenden Kinde.

Der Abend senkt sich über die Berge
von Knospen der Gerste, die Mutter
denkt an das Wiege- und Schlaflied,
das dem Sohne nächtens sie singt
und das Nahrung schenkt
trockenen Ufern und Mandelbäumen.

Zaìd nel mandorleto in fior

O Zaìd, cuore di cannella, ora
che togli la gonna di cretonne
dipinta di cavalieri andanti
in gran fidanza per il mondo,
sotto mandorlo in ombrello, defechi; oh
pallottoline d'oro leggiadrissimamente
per timidette stoppie fumiganti!
È in bel cantare d'augelli il mandorleto.

O culetto bordellino, boccuccia
sospirosa in petalo di rosa!
O inviolato giglio di bosco
uno, duo, e, con me, trino!
dall'oriente in riflessione ti segue
il cardello, il calabrone ti balla
attorno, nel suo corno
purpureo s'arresta il vento.

O bordellino admirabilis su cui langue
il tempo, o, in splendore, ianua ad coelum,
stella Lucifero sorta sulla rupe! Il granchio
nel salire pietra imbucata in torrente
ti guarda, si inchina l'ulivo;
saltando per giall'acqua ed erba ambrosia,
con tremanti ciglia di smeraldo,
a te viene lucente il dio minimo.

Zaìd im blühenden
Mandelbaumgarten

Oh Zaìd, zimtenes Herz, streifst
ab den Rock aus Cretonne
mit den Bildern fahrender Ritter,
die vertrauensvoll in die Welt ziehen,
unter dem Schirm eines Mandelbaums
du dich erleichterst, oh gülden leichtes Bällchen
auf sanft dampfendem Stoppelfeld!
Derweil die Vögel im Mandelbaum singen.

Oh, du Freudenhaushintern, seufzendes
Mündchen wie aus Rosenblättern!
Oh, unberührte Waldlilie du,
eins, zwei, und mit mir, dreieinig!
Vom Osten her betrachtet ein Distelfink dich,
die Hornisse um dich tanzt und in
ihrem purpurnen Fühler der Wind sich fängt.

Ach, du bewundernswerter Freudenquell, auf dem
die Zeit stille steht und im Glanz – ianua ad
       coelum[23] –
der Stern Luzifer aufgeht überm Fels! Eine Krabbe
das Gestein im Fluss erklimmend dich erblickt
und der Olivenbaum sich verneigend:
Hurtig über gelbes Wasser und Ambrosiagras,
mit bebend smaragdgrüner Wimper dich erreicht
leuchtend der kleinste aller Götter.

Gelosia

Il tuono parlava a Zaìd
orecchioni corallo; lei baciò
l'usignolo sotto l'Albero del Suono.
Vistala, Dìolo in ardenza la uccise
tra l'alghe e l'erba. O povera
Zaìd senza vita in maligna
figura straziata! Piangeva la Regina
con nel mignolo rosamarina,
senza melodia era l'arbusto biancospino,
il mare Oceano fu in pianto.

Ignaro, il vento bussò alla porta,
di Zaìd c'era l'eco; alla finestra
la chiamò il basilico,
di Zaìd c'era l'ombra. Il capro
di roccia in roccia gridò,
ranuncolo non sbocciò
né margherita. Dìolo andò
dalla madre luna di zolfo, e chiese:
„Quale infinito numero di cose
muore con Zaìd?"

Suonando zufolo di canna
il capraio Giovanpietro
dal picco diceva: „In color
verde e rosa Zaìd cammina
coi 9 astri plancton."

Eifersucht

Der Donner sprach zu Zaìd,
mit korallenrotem Ziegenpeter und
die Nachtigall küssend unter'm Tönenden Baum.
Bei ihrem Anblick Dìolo tötete sie hitzig
zwischen Algen und Gras. Ach, arme
leblose Zaìd im bös gequälten Körper!
Es weinte die Königin mit dem kleinen
Finger ganz rosamarine,
tonlos war der Weißdornbusch und
das Ozeanmeer tief in Trauer.

Unwissend klopfte der Wind an die Tür,
von Zaìd nur das Echo; es rief sie
der Basilikum an Zaìds Fenster und
schon ward es Nacht.
Der Ziegenbock schrie von Fels zu Fels,
es trieben keine Ranunkel mehr
und auch keine Margerite mehr. Dìolo ging
zu Mutter Mond aus Schwefel und fragte:
„Welch unendliche Zahl an Dingen
stirbt mit Zaìd?"

Die Schalmei aus Schilfrohr
blasend der Ziegenhirt Giovanpietro
vom Gipfel her sagte: „Grün- und
rosafarben Zaìd dahinzieht
mit 9 Plankton-Sternen."

Effemeride del Re malinconico

„Essere nuvola, o nulla" diceva
il Re guardando le torri del borgo.
Insaziato dei talismani della sera
e del grano d'orzo che a lui vecchio
nasceva tra le dita
in sé cercò, e trascrisse, gli incarnati Desideri.

„Essere nuvola dormente sui picchi,
risentire color porfido il vento,
l'acqua chiara che fluì nella valle,
la madre ridondante di fogliosi frutti,
le sorelle, di gesso fresco le mani,
il fratello, il padre che cuce stoffe rosse."

Di questo, in malinconia il Re riempì
centomila gusci di noce. Così
si consustanziò per rosolie occidue
con la zia Agrippina,* con l'ape del miele,
con la vassalla gente contadina. Il tempo
di zolfo venuto dalla luna lo inghiottì.

Oh! svegliati da morte, Zaìd, l'arbusto
cubebe ti chiama dall'incognita terra!
Non vedi che sotto il pianeta Giove
gli alunni di pensiero dì e notte
decifrano l'onda ballerina nel torrente,
e il dindindon del cuore del Re?

* La sorella maggiore della madre dell'autore.

Ephemeriden eines melancholischen Königs

„Sei wie die Wolke oder das Nichts", sagte der
        König
mit Blick auf die Türme des Dorfes.
Unbefriedigt von den Talismanen des Abends
und dem Gerstenkorn, das ihm im Alter
zwischen den Fingern wuchs, suchte er in sich und
schrieb nieder die fleischgewordenen Wünsche.

„Sei wie die Wolke auf schlafendem Gipfel,
erhöre den porphyrfarbenen Wind,
wie das klare Wasser im Tale fließet,
eine mit blattreichen Früchten beladene Mutter,
wie die Schwestern mit Händen so frisch wie Gips,
wie der Bruder, der Vater, der rote Stoffe näht."

Damit füllte melancholisch der König
zehntausend Nussschalen und konsubstanzierte
sich über sinkende Röteln mit Tante Agrippina,*
mit der Biene des Honigs und der
bäuerlichen Vasallin. Die Zeit des Schwefels kam
vom Mond, er schluckte ihn hinunter.

Oh, erwache vom Tod, Zaìd, der
        Kubebenpfefferstrauch
dich ruft von der fremd fernen Erde!
Siehst du nicht wie unter Jupiter, dem Planeten,
die Schüler der Gedanken Tag und Nacht
entziffern die tänzelnde Welle im Strom
und das Ding-ding-dong im Herzen des Königs?

* Die ältere Schwester der Mutter des Autors.

Il vento d'argento

Quando la terra si mescolò alla luna,
matematicamente previsti nacquero
i fratelli Giovanni ed Enùma, e
dai più inaccessibili luoghi venne
la bianca materia del vento.
Il grillo ronzò e nei lumi le crete
ebbero l'anima stanca; giacque
la gente mirando sette lune.

Le ragazze alle finestre offrivano l'omero,
il vento fu errante sulle chiome
dei mandorli e sul prato dove
il gallo cantò solitario. Le capre
e il pastore chiarissimi nel cavo
d'ulivi si inchinavano nel sonno.
Biancheggianti volevano morire le api,
altrettanto l'erba sul mondo girante.

In sciame quelle lune di miele,
e il vento dondolandovisi dentro,
aprivano dolce cammino di morte,
senza pensiero; sull'altura, nel velo
donne, dai semenzai in orci d'argento
raccoglievano papaveri e oblio
di vento, e uova di uccello fenice – e lì
indicavano l'Alto e il Basso del paese che fu.

Der Silberwind[24]

Als die Erde vermischte sich mit dem Mond,
mathematisch genau berechnet kamen
die Brüder Giovanni und Enùma zur Welt,
und von entlegensten Orten her strömte
die weiße Materie des Windes.
Die Grille zirpte und erschlaffte im Lichte
der Kreide; Leute danieder
lagen, sieben Monde betrachtend.

Die Mädchen am Fenster zeigten nackt ihre
      Schultern,
der Wind irrte durch Mandelbaumwipfel,
auf der Wiese der Hahn einsam krähte.
Ziegen strahlend hell sich mit ihrem Hirten
sachte im Schlafe verbeugten
geborgen im Hohl der Olivenbäume.
Weißleuchtend wollten sterben die Bienen,
wie auch das Gras auf der drehenden Welt.

In Schwärmen bereiteten diese Monde aus Honig,
und der Wind schaukelte leise im Halbrund,
einen süßen Weg in den Tod, ohne Gedanken;
hoch auf der Ebene im Nebel lasen Frauen
vom Saatfeldstück in Silberkrüge
Klatschmohn und Vergessen-im-Wind,
und Eier vom Vogel Phönix – und sie wiesen
das Oben und Unten im Dorf Nimmermehr.

La madre attraversa la steppa

La madre morta pensa nella bara:
„Mon cher frère homme Dieu,
cos'è la morte? Posso volar leggera

e del pulviscolo farfalle formare; di me, il géode
di cristallo." Dostoevskij dal mondo ctonio, e Lev
ne traducono il pensiero. San Francesco la lauda.

Piange, dietro, il bimbo japonico, nell'infinita
       steppa
lacrima il grillo, la Sicilia è in manto nero,
le margherite marine spechi inzeppano.

Et la nuit tombe, lagnoso il vento irrompe,
aerei volteggiano sotto Saturno; tu sei rosa,
màtuska, e zvetí berjozávie;* per milioni di rampe

e strette scale zeppe di arpe
tristi sonanti, scendo per raggiungerti
nell'Ade fra gigantesche azzurre rose.

* Fiore di betulla (russo).

Die Mutter durchwandert die Steppe

Die tote Mutter im Sarge denkt:
„Mon cher frère homme Dieu,[25]
was ist der Tod? Ich fliege leicht

und forme Schmetterlinge aus Staub von mir, eine
kristall'ne Geode."[26] Dostojewski und Lev
          übersetzen
ihre Unterweltgedanken, gelobt vom Heiligen
          Franz.

Hinten weint ein japonisches Kind in endloser
          Steppe,
die Grille tränt, Trauer trägt Sizilien, und
die Höhlen übervoll mit Meermargeriten.

Et la nuit tombe,[27] heulend der Wind um sich
          greift,
Flugzeuge unter Saturn kreuzen; màtuska, rosa bist
          du,
und zvetí berjozávie;* über Millionen von Rampen

und schmalen Treppen gesäumt mit Harfen,
die traurig erklingen, ich steige hinab zu dir
in den Hades zwischen riesig blauen Rosen.

* Birkenblüte (Russisch).

Gianluigi prepotente

Gianluigi prepotente
vuole tutto e vuole niente,
a lui si inchina la Regina,
et la maga Esterina.

People look verso il mare;
o Esterina da te appare,
per occhi e inguine te rampolla,
l'intiero mondo come una polla.

Jean Louis stringe pugni e braccia;
il re Arturo è andato alla caccia,
è lastimosa* negrità il tiempo
per il cerbiatto; il vento l'ulivo riempie.

Il cielo e il rivo che sono in fiorenza,
l'ibisco, l'ape, il cavallo in temenza
al tuo regal cenno ristanno muti,
è in riso tremulo la luna a Gibuti.

* Lamentosa (siciliano).

Gianluigi Prahlehans

Gianluigi[28] Prahlehans
er will alles, nichts und ganz
huldvoll vor ihm knicksen gar
Königin und Zauberin Esterina.

People look hinaus auf's Meer;
oh Esterina, vor dir erscheint er,
aus deinen Augen und Leisten quillt
der Weltball ganz, wie ein Wasserquell.

Jean Louis Fäuste und Arme ballt;
König Arthurs Jagdhorn schallt,
kläglich* steht's dem Hirschkalb schwarz bevor;
der Wind den Olivenbaum weht voll hervor.

Als der Himmel und der Fluss erblühen,
Biene, Pferd, Hibiskus ehrfürchtig sich verziehen
vor deinem hoheitlichen Kopfnicken stumm,
zittrig lacht der Mond in Dschibuti darum.

* *Lastimosa*: Sizilianisch für *lamentosa* [= italienische
Hochsprache; dt.: kläglich, klagend, weinerlich;
Anm. d. Übers.].[29]

Pane

Mia madre buttava odor di pane,
odore di pane aveva mia madre;
„bread bread" reclamavamo in famiglia, lane
e tricot cuciva in bottega mio padre.

Mia madre buttava odore di uova,
grandi uova cova nel Sahara lo struzzo,
mia madre aveva alle spalle ali nuove,
in ardor e calura el sol razza.

Mio padre aveva buon odore di aghi
sottili, e di luna femmina che spuntava
con orli vermigli e occhi assai vaghi
sulle tegole rotte che il passero amava.

Sui muri nasceva l'erba del vento,
asini e ventoso sterco riempivan Mineo,
fra di loro si amavano pietre e sassi, lento
si spandeva l'odore di mia madre Gea.

Brot

Meine Mutter umringte der Duft von Brot,
Brotdüfte meine Mutter umgaben;
„bread, bread" der Familienchor erhob,
Wolle und Trikotstoff vernähte Vater im Laden.

Meine Mutter Eierduft umgab, große Eier
brütet der Vogelstrauß in der Sahara aus, meiner
Mutter waren rücklings Flügel angehängt,
wo in Hitze und Glut die Sonne sengt.

Mein Vater gut nach dünnen Nadeln roch
und weiblichem Mond über kaputten Dachziegeln,
die, als er mit zinnoberroten Rändern aufging hoch
und vagen Augen, dem Spatzen gefielen.

Auf dem Mauerwerk Gras spross im Wind,
Esel und wehender Mist erfüllten Mineo,[30]
Stein und Felsen einander liebten, rundum gelind
verströmte sich der Duft meiner Mutter Gea.

Sonettino sbilenco
Sobre un pesebre campesino

Tu forse amico Pedro Luis non ci credi,
in una stalla si ornava un polledrino
con rami carichi di ulive, e, in fede,
in tepor di latte era Gesubambino.

I villani venivano dai vicoli,
chi con arance, mandorle, o fave
per offrirle sospiranti all'amico
asinello Gesù. Fuori, immote stelle e lave.

L'asina madre con mammelle gonfie
l'annunciava con ragli a noi e agli uccelli
e ai pensosi asini tronfi.

Scorreva bianca l'acqua nei ruscelli
si levava lento un coro di preghiere,
noi piccirilli inseguivam la mezzaluna e i pipistrelli.

Schief schlechtes Sonettchen
Über eine ländliche Krippe[31]

Du Freund Pedro Luis wirst es nicht glauben aber in
einem Stall stand ein junges Füllen geschmückt mit
schweren Olivenzweigen und in lauer Milch
lag vom Glauben erfüllt das Jesuskind.

Die Bauern herkamen aus den Gassen
mit Orangen und Mandeln und Bohnen
um sie seufzend darzubieten dem Esel,
Freund Jesu. Draußen starrten Sterne und Lava.

Die Eselinmutter mit geschwollenem Euter
verkündete iahend die Botschaft uns
und den Vögeln und nachdenklich eingebildeten
        Eseln.

In den Bächen floss weiß das Wasser
langsam erhoben sich Gebete im Chor
wir Kinder folgten dem Halbmond und
        Fledermäusen.

Bambini a pesca

Il lago scintilla,
il pesco ne brilla.
In salti e immersioni
        Leopoldo Niccolò Raffaella
su pietroni seduti
vi fanno ondular l'amo.
Passa col carrettino Jubrì
il ragazzino indiano.

        Raffaella ha tre anni,
tira l'amo, che vede?
        argentina una trota
su cui l'ombra cade del salice.
        Jubrì, scansando la mota
che in fanghiglia cresce sul prato,
grida: „Chi compra bamboline,
corni, e di giada elefanti bambini?"

Leopoldo pesca un'onda ondulina
che fra le mani gli si sciolse
piccina. Niccolò, un cavédano
che lascia boccheggiare sul verde.
Jubrì vende sinanche piccole navi,
orologi finti. „Ho fame", dice. Savi
i tre fratelli gli danno i due pesci.
Brilla più forte il sole uscendo dal salice.

Kinder angeln

Der See glitzert,
spiegelt sich wider im Pfirsichbaum.
Springend und eintauchend
die Fischangel schwingen
        Leopoldo Niccolò Raffaella[32]
die auf Steinbrocken sitzen.
Vorbeikommt mit dem Karren
Jubrì der indische Junge.

        Raffaella, drei Jahre alt,
wirft den Angelhaken, und sieht was?
        Eine silberne Forelle,
auf die fällt der Trauerweide Schatten.
        Jubrì durch den Schlamm watet,
der im Matsch auf der Wiese wächst,
ruft: „Kinder, wer kauft Püppchen,
Hörner und Jade-Elefanten?"

Leopoldo fischt eine krause kleine Woge
die zwischen seinen Händen vergeht, und
Niccolò einen Perlfisch, den er im grünen Gras
nach Luft schnappend mit dem Tod ringen lässt.
Jubrì verkauft sogar Schiffchen, fingierte
Uhren. „Ich hab Hunger", sagt er. Weise reichen
die drei Geschwister ihm die zwei Fische hin.
Strahlend erscheint die Sonne über der Weide.

Il nonno racconta alla nipotina

„Forse non saprai tu
che una volta il Re Artù,
in preda a gran furore,
con la spada Excàlibur
ammazzò la moglie Regina.
Al collo gliela infisse, e infiggi
infiggi, non ligio lui alle leggi,
il midollo ne snodò.

Morta Ginevra, allontanò
dal ciel una stella e s'affacciò sulla valle
e respirò. E a nulla più pensò."
Qui zittì il vecchio vegliardo.
Fuori erano in fior la nepitella e il cardo
e l'albero del Cucù. Raffaella
la bimba con stupiti occhi, fa
„Nonno-bisnonno, la fiaba qui finì?"

Piangevano limoni e lillà
nella baia di La Marsa; da noi
squillava il mezzodì. Arsa
era nel deserto la sabbia. Rawdha
Razgallàh con un manto di topazi
pieno e in man un cesto di albicocche
pregava Allàh l'Aziz, che sulle rocce
il Vittorioso arde perfin sui picchi.

Es waren einmal Großvater und Enkelin

„Kennst du die Geschichte
es war einmal König Arthur,
der von Raserei befallen
mit dem Excàlibur-Schwert
die Frau Königin getötet.
In den Hals stach er, sticht und
sticht, ohne sich ums Gesetz zu scheren,
und durchschnitt ihr das Mark.

Kaum war Guinevere tot, vom Himmel er nahm
einen Stern und blickte auf's Tal und
atmete tief. Und dachte an nichts mehr."
Hier hielt der ehrwürdige Greis inne.
Draußen blühten Bergmelisse und Distel
und der Kuckucksbaum. Raffaella[33]
die Kleine mit erstauntem Auge fragt
„Ur-, Großvater, ist das Märchen schon aus?"

An der Bucht von La Marsa[34] weinte es
zitronengelb und fliederfarben. Bei uns
schlug es Mittag. Verbrannt war
in der Wüste der Sand. Rawdha
Razgallàh[35] betete in einem Mantel voll
Topas, in der Hand ein' Korb Aprikosen,
zu Allah l'Aziz der auf den Felsen
siegreich brannte bis hinauf zu den Spitzen.

Il nonno: „Dalle Piramidi volò il Dio
della morte, Anubi, testa di cane,
per raggiungere da sera a mane
in Sicilia, carrubi e fichidindia".
„Nonno-bisnonno", chiese Raffaella
la bella, „perché non in India sul Gange
dove, come tu dici, la fiaba nasce,
e fitta cresce la gente che là piange?"

Der Großvater: „Von den Pyramiden her flog
der Todesgott Anubis, Hundekopf, um von
Abend bis Morgen nach Sizilien zu gelangen,
zum Johannesbrotbaum und Feigenkaktus."
„Ur-, Großvater", sprach Raffaella, die Bella,[36]
„warum nicht nach Indien zum Ganges,
wo, wie du sagst, die Märchen entstammen und
sich die Menschheit vermehrt unter Tränen?"

A Pina

Nascesti in ottobre nell'ora settima
del dì 19 a Sora, e lungo il Liri
spuntavano i ciclamini nell'ombra dei pioppi,
e in Sicilia fra le acque del Ciane il papiro.

Una piuma, una cetonia e un ciottolo
cadevan ad uguale distanza fra Venere e Giove
nel vuoto. Maturavano le more fra i rovi;
bambole venivano per vederti e orsacchiotti.

Le ultime rondini garrivano sul fiume,
tua madre allattava, allattava
te e la passerotta, la formica guardava.
Suonavan campane fin sul monte S. Casto.

Quel giorno non venne mai sera.
Le mie sorelle, tua zia Maria seguivano
il tuo poppare, toctoc faceva la cavalla nera
dalla criniera d'argento. Nuvole andavano.

Soldatini di piombo dal Liri venivano
a te, scesa era l'aquila in giri veloci,
una rosa rossa volava di per sé, Dio
in mano la prese, a Michele l'offrì.

Für Pina[37]

Geboren warest du im Oktober zur siebten Stunde
des 19. Tages in Sora,[38] und längs des Liri[39]
sprossen Zyklamen im Schatten der Pappeln
und in Sizilien am Wasser des Ciane[40] der Papyrus.

Eine Feder, ein Goldkäfer und ein Kiesel
fielen genau mittig zwischen Venus und Jupiter
ins Leere. Es reiften die Brombeeren am Strauch;
Puppen kamen dich zu schau'n und Teddybären.

Die letzten Schwalben kreischten am Fluss,
deine Mutter stillte und stillte dich und
die Spätzin die Ameise beäugte.
Glockengeläute sich erhob hoch am Berg
      San Casto.

Niemals ging dieser Tag zur Neige.
Meine Schwestern, deine Tante Maria
deinem Saugen zusahen, tocktock schlug die
schwarze Stute mit Silbermähne. Wolken flogen.

Zinnsoldaten vom Liri her kamen zu dir,
hinunter schraubte der Adler sich schnell kreisend,
eine rote Rose flog ganz allein, Gott nahm sie
in die Hand und schenkte Michele sie weiter.

Cavalieri con la spada

A quattro anni non si resta, inerti, a casa;
saltiamo su, un salto e in sella
sul cavallo di rame. Tic, tac. Distrutti
i saraceni che giaceranno legnosi sotto
scudi fra boschi d'ulivi a Vallenuova,*
troveremo mio padre a Camùti invasa
di bianchi asfodeli smossi, tra origanelle
ed altre erbe montane, da dolci ventate.

Non piangere; non è mio padre ombra
fuggevole. Se guardi il suo fluttuare
t'accorgi che ci invita a seguirlo verso
il pozzo in cui la sua mente rifiotta
nella perenne acqua fresca – terso
è il terreno laggiù né si adombra,
declive come la mano di mio padre
che andava per grano tenero e allodole.

Vieni, camminiamo per i solchi che fumano;
non aspettiamo, Neluccio, che la macchia rossa
del sole morente devasti l'ombra di mio
padre né, giù, le sue morte ossa,

ma ascoltiamo le neniose arabe canzoni
dei contadini spersi su colli e a fondovalle
tra fave e senape gialla. Sorride mio padre,
sorriso e verde infiniti, straziata memoria di sempre.

* È una solitaria contrada di Mineo, presso Camùti.

Ritter mit Schwert

Mit vier Jahren bleibt man nicht untätig daheim;
geschwind mit einem Sprung auf den Sattel
eines Pferdes aus Kupfer. Tack, tack. Vernichtet
danieder liegen die Sarazenen unter'm Schild
hölzern im Olivenwald von Vallenuova,*
wir werden finden meinen Vater in Camùti,[41]
locker bedeckt mit weißem Asphodill, zwischen
Dost und Waldkräutern, wo sanft weht der Wind.

Weine nicht; mein Vater kein flüchtiger Schatten
ist. Schaust du sein Wogen und Wallen, so merke,
dass er uns einlädt, ihm zum Brunnen zu folgen,
darin sein Geist im
ewig frischen Wasser gluckst – klar und rein
ist die Erde dort drunten und verschleiert sich nicht,
sanft fällt sie ab wie die Hand meines Vaters
der durch ein zartes Kornfeld und Lerchen strich.

Komm, wir gehen durch rauchende Furchen;
nicht warten wir, Neluccio, bis der rote Fleck
der untergehenden Sonne den Schatten meines
Vaters verwüste, noch unten seine toten Knochen,

lauschen wir lieber dem Singsang arabischer
        Nänien[42]
der Bauern, verteilt vom Hügel bis zur Talsohle
zwischen Ackerbohnen und gelbem Senf. Es lächelt
mein Vater unendlich grün, ein für immer gequältes
        Bild.

* Das ist ein einsamer Weg bei Mineo, nahe
Camùti.[43]

I quattro amici

Inebriati dalle stradine al tramonto,
i quattro amici, di fronte al cimitero
assuefatto ai pavoni, suonavano: Ermia
e San Luca col bombardino
geometrizzavano in triangoli e cerchi
i fuochi fatui nascenti dalle tombe;
la ragazza Runa col clarinetto
invitava al senno gli inetti,
i languidi, l'insetto tenebrione;*
in abito di bisso, Ops,
dissimulando gioia col violino
commisurava in decibel il vibrare
dei nidi nei cipressi e i semi
senza timore dei morti che si intorpidivano
sulle donzelle affacciate alle finestre.

* È un coleottero che vive in mezzo alle farine.

Vier Freunde

Von den Gässchen im Sonnenuntergang
        berauscht,
läuteten die vier Freunde vor dem Friedhof,
gewöhnt an Pfauen: Ermia und San Luca
geometrisierten mit dem kleinen Bombardon
in Dreiecke und Kreise die Irrlichter,
die von den Gräbern aufstiegen;
das Mädchen Runa mit der Klarinette
zum Verstand rief die Nichtskönner,
die Schmachtenden und den Schwarzkäfer;*
Ops, gehüllt in ein Kleid aus Byssus,[44]
Freude vortäuschend mit der Geige,
bemaß in Dezibel die Schwingungen
der Nester in den Zypressen und die Samen
furchtlos der Toten, die abgestumpft waren von
aus den Fenstern sich lehnenden Jungfrau'n.

* Das ist ein Käfer, der im Mehl lebt.

Andromeda

Così fu detto dagli antichi
usi a far bere acqua lunare
prima dello sfinimento del corpo.
„*Morto, al-Aggiàg fu trascinato*
dal vortice nel nucleo della
lontanissima Andromeda. Sconvolto
da fiammeggianti eruzioni magnetiche,
senza uscita sta chiuso
in quella luminosissima materia.
Attorno, gruppo di galassie
con le braccia aperte preordinano
tempo-spazio, ma a lui non cede
la memoria del propizio deserto
dove il vento si insediava
nella indeterminatezza dell'alba.
Da un tetto, Hubble, Pierbianucci, Shapley*
e lo stesso menenio Metrodoro
non cessarono di inseguire
con l'occhio le turbolenze
di quelle orbite accecanti."

* Piero Bianucci, caro amico dell'autore, e grande divulgatore di cose scientifiche.

Andromeda

Die alten Gebräuche besagten man solle
Mondwasser trinken bevor der Körper
zu Ende gehe.
„Kaum gestorben, da wurde al-Aggiàg
vom Strudel in den Kern
der entfernten Andromeda gezogen. Verwirrt
von gleißend magnetischen Eruptionen
umschlossen ohne Ausweg bleibt er
in jener grell leuchtenden Substanz.
Rundherum vorherbestimmen Gruppen
von Galaxien mit offenen Armen
den Zeit-Raum, doch verlässt ihn nicht
das Gedächtnis wohlgesonnener Wüste
wo der Wind sich hob in der
unbestimmbaren Morgenröte.
Von einem Dach aus verfolgten Hubble,[45]
Pierbianucci, Shapley[46] und der*
Mineole[47] Metrodor daselbst
unermüdlich mit den
Augen die Turbulenzen
jener blendenden Bahnen.“

* Piero Bianucci ist ein lieber Freund des Autors und
Verbreiter wissenschaftlicher Belange.

Solitudine grandissima

Con l'ausilio di Cantor* esperto
in transfinito calcolo di granelli,
Tabrìz si costruì con cento otri
organo in una cava al tramonto.
        Oh, buona gente, udite e intendete!
Nel primo otre chiuse antica
voce d'addormentamento di madre
a cui nel vicolo scintillò
sul ciglio la stella Canis Maior.
        Erano là in nigrore di capelli
        e argentato viso le fanciulle!
Nel quinto otre immise i lamentelli
in sospiranza di grillo covante uova
nella zolla; nel diciassettesimo i rimbombi
di solitario tuono nella valle.
        Sul monte in farsi sera, l'uccellin
        andava nel giardino della luna.
Nel trentatreesimo rinchiuse tellurio
e malinconioso itterbio di erranti
meteoriti in scintilla; nel settantesimo, corpuscoli
magnetici d'artemisia pensosa bianca.
        L'uomo sul minareto in cappuccio meditava
        sul filare che fa il tempo.

Endlose Einsamkeit

Mit der Hilfe des erfahrenen Cantor*
in unendlicher Hoffnung Körnchen baute
Tabrìz sich aus hundert Schläuchen
eine Orgel in abenddämmernder Höhle.
 Höret, ihr Leute, und verstehet!
In den ersten Schlauch er einschloss
die alt mütterlich einschläfernde Stimme
im Gässchen dabei glänzte
am Rande der Stern Canis Maior.
 Dort standen mit tiefschwarzem Haar
 und silbernem Antlitz die Mädchen!
In den fünften Schlauch er einfing
die tiefen Klageseufzer der Grille
in der Scholle Eier brütend; in den siebzehnten
den Widerhall des einsamen Donners im Tal.
 Als der Abend sich auf den Berg senkte
 begab der Vogel sich in den Mondgarten.
In den dreiunddreißigsten schloss er Tellur[48] ein
und das melancholische Ytterbium[49] umherirrender
funkelnder Meteoriten; in den siebzigsten,
magnetische Teilchen gedankenvoll weißer
 Edelraute.
 Auf dem Minarett meditierte ein Mann mit
 Kapuze über die Fäden, die die Zeit zieht.

Tabrìz suonava quando il tramonto
gli faceva triste l'occhio, e la vecchia Tariòla**
sentendo allegria piangente risuonare
per le terre, chiedeva: „Vuoi me, o Madre morte?"
        *Questa tranquilla andava
        nel tramonto in ghirlande di rose.*

* Il famoso matematico nato a Pietroburgo nel
1845.
** Era una vecchia che abitava sola in una stradetta
esterna di Mineo.

Tabrìz spielte als die Abenddämmerung sein Auge
betrübte, und es fragte die alte Tariòla** da sie
        hörte
traurige Freude über die Lande hinschwingen:
„Willst du mich, oh Mutter Tod?"
        *Diese seelenruhig wandelte entgegen dem
        Sonnenuntergang aus rosa Girlanden.*

* Der berühmte Mathematiker, geboren 1845 in Pe-
tersburg.
** Das war eine Alte, die allein in Tiner Gasse am
Rand von Mineo wohnte.[50]

La fossa comune*

Chiusi nel grande sigillo
non vedemmo il giorno,
siamo in luogo di dolore
e spavento –
di là si incurva il fiume
e sfavilla.
Si spolpa a noi il corpo,
nessun lamento di madre ci arriva.

Cadono chiocciole e foglie nel canestro,
nessuno sente il nostro gridare
che va per tenebre
di pietra.
Fiordaliso fu a noi l'occhio,
attorno
ci è riva di ossa biancheggianti.
Ahmed senza cavallo segue l'ombra.

Non ci incatena il tempo, spersi
nei nostri veli cinabri;
il ciliegio s'abbarbaglia di sole
e sonagli
di vento etesio dolce.
L'aratro
riga i solchi, per voi
ha assaissimi anni la terra.

Gemeinschaftsgrab*

Verschlossen hinter dem großen Siegel
nicht mehr Tag wir schauten
und sind an einem Ort des Schmerzes
und des Schreckens. –
Jenseits der Fluss sich windet
und glänzt. Unsere
Körper ohne Fleisch,
Mutters Klage nicht vernehmend.

Schnecken und Blätter fallen in den Korb,
niemand hört unser Schreien,
das Dunkel dringt durch
das Gestein.
Die Lilie unser Auge ward,
um uns
ein Fluss weiß funkelnden Gebeins.
Ahmed ohne Pferd dem Schatten nachfolgt.

Die Zeit uns nicht mehr kettet, verloren
unter zinnoberroten Schleiern,
die Sonne den Kirschbaum blendet
und Schellen erklingen
in sanften Etesien.
Der Pflug rillt
die Furchen, für euch
die Erde gar so viele Jahre alt.

Per noi è nero mare d'ossidiana,
né scorre acqua
per tremulo rivo –
uccelli
di là hanno le rupi montane.
Senza madre siamo immersi nell'arsura,
né come stella
conosciamo la meridiana luna.

* I bambini morti, comunemente nel Sud d'Italia
erano posti nella fossa comune, o lasciati in cane-
stri, con fiori, sull'orlo di tali baratri.

Für uns alles ist schwarzes Meer
aus Obsidian[51] ohne Wasser
im zarten Flussbett –
Vögel haben
jenseits den bergigen Fels.
Mutterlos sind wir in trock'ne Glut getaucht,
nicht wie der Stern
den hell strahlenden Mond wir erkennen.

* Verstorbene Kinder wurden in Süditalien üblicher-
weise in ein Gemeinschaftsgrab gelegt oder in Blu-
menkörben am Rand ähnlicher Abgründe abge-
stellt.

Tutto lo mondo canta

Della madre
la mano che impastò pane fu chiusa
nel tronco di noce tra fronde
dove cantò il gallo;
il piede che camminò sui monti
e nell'ombrura delle valli
in fili d'oro fu trapunto in bisso
per ulivi dove di ramo in ramo
ballava il pettirosso; l'occhio
in cui fu la mente rinacque
per equiseti sulla riva dove
il merlo faceva il nido.

        Tutto lo mondo canta.
        Canta il gallo,
        canta la gallina,
        e al verone tra ranuncoli la regina.
        Canta in chiarore nube sonnolenta,
        il calabron ronza sulle ferule, e al
        fosso parla in brillamenti
        a stella Venere.

Die ganze Welt singt

Von der Mutter
die Hand Brot knetend sich schloss
im Stamm des Nussbaums zwischen Laub
wo zu krähen pflegte der Hahn;
der Fuß über Berge wandernd
und im dunklen Schatten der Täler
übersät mit goldenen Byssusfäden[52]
durch Olivenbäume wo von Ast zu Ast
tanzte das Rotkehlchen; das Auge, in dem
der Geist wohnte, wiedergeboren ward
im Schachtelhalm am Ufer wo
die Amsel ihr Nest gebaut.

    Die ganze Welt singt.
    Es singt der Hahn
    es singt die Henne
    und vom Balkon voll Ranunkel die Königin.
    In einer schläfrig hellen Wolke sie singt,
    die Hornisse übers Steckenkraut brummt,
    und zum Graben in Glitzern spricht
    Venus der helle Abendstern.

Anmerkungen

Anm. 1

Val Francesca ist der Name eines Tals, auf das Giuseppe Bonaviri in der mit Asteriskus versehenen Erläuterung näher eingeht. Wie er darin ausführt, ist Sora eine Kleinstadt in der Ciociaria (Landstrich süd-östlich von Rom, am unteren Zipfel der italienischen Region Latium) nahe der Stadt Frosinone, wo der Autor seit 1958 mit seiner Familie lebt. Mit der Freundin „Lina" ist Bonaviris spätere Ehefrau gemeint, die er 1957 in der Ciociara heiratete (vgl. auch Anm. 33). An ihre lyrisch stilisierte Figur richtet sich die Apostrophe im vorliegenden Gedicht.

Anm. 2

Auf der Camùti-Hochebene vis-à-vis des Bergdorfs Mineo, 50 km südwestlich von Catania über dem Meeresspiegel gelegen, kauften sich Bonaviris Mutter Giuseppina Casaccio und sein Vater Settimo Emanuele Bonaviri 1925 von ihren Ersparnissen aus der Emigration in New York ein kleines Grundstück, auf dem die Familie die Sommerfrische verbrachte.

Anm. 3

Alle Landschaftsbeschreibungen der vorliegenden Gedichtsammlung orientieren sich im weitesten Sinn an der Umgebung des sizilianischen Bergdorfs Mineo, wo Bonaviri 1924 geboren ist und seine Kindheit und Jugend verbracht hat. Die Erinnerung an diesen Flecken Erde prägt Bonaviris Gesamtwerk.

Anm. 4

Die *Fadda* ist eine Schlucht d.h. ein Erdriss in der Hochebene, die sich um den Hügel erstreckt, auf dem das Dorf Mineo liegt (Näheres zu Mineo vgl. Anm. 2 und 3).

Anm. 5

Bonaviris Mutter (Giuseppina Casaccio; 1894-1986) kam als 24. Tochter (siebzehn der Kinder starben in jungen Jahren auf Grund der harten Lebensbedingungen und schlechter medizinischer Versorgung) des Bäckers Salvatore Casaccio, genannt Mastro Turi (dessen Leben uns Bonaviri in seinem Roman *Silvinia* von 1997 erzählt), und dessen Frau Maria Palermo in Mineo zur Welt und figuriert in vielen Texten von Bonaviri unter ihrem Beinamen Donna Papè (Näheres zu Mineo vgl. Anm. 2 und 3).

Anm. 6

Giuseppe Bonaviri wurde am 11.07.1924 als erstes von fünf Kindern in Mineo auf Sizilien geboren (Näheres zu Mineo vgl. Anm. 2 und 3). Er nennt hier die Vornamen seiner vier jüngeren Geschwister: Salvatore, genannt Turi (1925-2000), Vincenza (auch: Enza; 1928-2000), Maria (1929-1996) und Ida (geb. 1930).

Anm. 7

Bonaviris Vater, Settimo Emanuele Bonaviri, genannt Don Nanè, Dorfschneider in Mineo (Näheres zu Mineo vgl. Anm. 2 und 3), als erstes von sieben Kindern in Mineo 1902 geboren und ebendort 1964 an einer Gehirnblutung 62-jährig verstorben, hat Giuseppe Bonaviri mit seinem ersten großen Roman *Il sarto della stradalunga* 1954 ein literarisches Denkmal gesetzt. Den Tod seines Vaters hat Bonaviri als sehr schmerzlich empfunden; er litt noch viele Jahre nach diesem einschneidenden Erlebnis an Depressionen, Panikattacken und Suizidgedanken. Vgl. zu dem Motiv auch die Gedichte *Spetrare* (dt.: *Erweichen*), *Giovinezza* (dt.: *Jugend*), *Il sarto al-Aggiàg* (dt.: *Der Schneider al-Aggiàg*) und *Venerdí Santo* (dt.: *Karfreitag*).

Anm. 8
Zu Camùti vgl. Anm. 2.

Anm. 9
Smaragdgrünes Mineral, oft mit blasenförmiger Struktur; Kupfererz, auch Schmuckstein.

Anm. 10
Das ist das astrologische Tierkreiszeichen Krebs, in dessen Dekade u.a. Bonaviris Geburtstag fällt.

Anm. 11
Den Titel *Qamùt* bildet eine (arabisierende) lexikalische Variante von Camùti (zu Camùti s. Anm. 2).

Anm. 12
Mineral, das wahrscheinlich nach der antiken Stadt Chalcedon am Bosporus benannt ist. Abart des Quarzes, aus mikroskopisch feinen Kristallfasern aufgebaut und zu Schmucksteinen verwendet (z.B. Achat oder Onyx).

Anm. 13
In Südwestasien heimischer Halbesel.

Anm. 14
Geburtstag Bonaviris war 11.07.1924, was den Schluss nahe legt, dass sich hinter dem lyrischen Adressaten Zèphir in diesem Gedicht ein *alter ego* des Autors verbirgt.

Anm. 15
Vgl. Anm. 10.

Anm. 16
Mit „Qalàt" ist „Qalat-Minaw", eine arabisierende Paraphrase Mineos, gemeint (vgl. Anm. 3).

Anm. 17

Das Gedicht evoziert eine Erinnerung an Bonaviris Vater, der Dorfschneider in Mineo war (vgl. Anm. 7).

Anm. 18

I frati giuseppini – so der originäre italienische Gedichttitel (dt.: *Die Brüder Giuseppini*; wörtlich: „Die Brüder des kleinen Joseph") – wurden in Bezug auf die Namensgebung nicht eingedeutscht, um ihre Koinzidenz mit dem Vornamen des Autors Giuseppe Bonaviri im Deutschen zu erhalten. Gemäß persönlicher Auskunft des Autors soll es diesen Orden tatsächlich geben oder jedenfalls gegeben haben (evv. besteht er unter anderer Namensgebung fort). In Bonaviris Gedicht handelt es sich um Ordensbrüder, die in Form einer fast tragisch anmutenden laizistischen Heiligkeit Tönen folgen. Schließlich verlieren sie sich in den eigenen Gedanken und einem globalen Zeit-Raum-Gefüge derartig, dass sie vor sich selbst immer kleiner werden, um am Ende in einer inneren Zeit gänzlich zu verschwinden. Bonaviri beabsichtigt nach eigener Aussage, mit dem Gedicht eine Art Implosion des Menschen durch seine Schöpfungs- und Imaginationskraft zu beschreiben.

Anm. 19

Beim „Selenotrop" (ital.: *selenetropio*) handelt es sich um einen Neologismus. Die vom Autor erdachte Pflanzenbezeichnung orientiert sich am lateinischen *heliotropium* bzw. griechischen *héliotrópion* (dt.: „was sich zur Sonne hinwendet") sowie am Wort *Heliotrop*, das sowohl eine krautige Pflanze mit blauvioletten, nach Vanille duftenden Blüten denominiert als auch die Sonnenwende meint. Bonaviri kreiert komplementär zur (mit der Sonne sich wendenden) Heliotrop-Pflanze eine den Mondbewegungen (*selene* heißt auf Griechisch Mond, während *helios* Sonne

bedeutet) angepasste Blume, eben den „Selenotrop".
Nach Bonaviris persönlicher Auskunft schwebte ihm die
Gegenüberstellung zweier Pflanzenarten vor, die sich ba-
sierend auf der Opposition männlich – weiblich *(il sole – la
luna*; dt.: die Sonne – der Mond) gleichzeitig unterschei-
den und anziehen (nach den Gesetzen des Tropismus).

Anm. 20
Zu Camùti vgl. Anm. 2.

Anm. 21
Goldfarbige Bronze.

Anm. 22
Hasel- bis walnussgroße Lavabröckchen, die bei einem
Vulkanausbruch herausgeschleudert werden.

Anm. 23
Lateinisch: „die Himmelspforte".

Anm. 24
Im Jahr 2001 erschien unter gleichnamigem Titel *Il vento
d'argento* (Catania: La Cantinella) ein Prosatext von Giu-
seppe Bonaviri, der offenbar auf dieses (frühere) Gedicht
anspielt. Bei dem Prosatext handelte es sich um den Be-
ginn einer Erzählung, den Bonaviri zur Verfügung stellte
für einen vom Ministero degli Affari Esteri (Italienisches
Außenministerium) ausgeschriebenen Wettbewerb für
kreatives Schreiben, der unter dem Motto „Racconta con
me" 2001 stattgefunden hat.

Anm. 25
Französisch: „Mein lieber Bruder Herrgott".

Anm. 26

Blasenhohlraum eines Ergussgesteins, der mit Kristallen gefüllt sein kann.

Anm. 27

Französisch: „Und die Nacht bricht ein".

Anm. 28

Gianluigi ist der Name von Bonaviris erstgeborenem Enkel, Gianluigi Mastandrea (geb. 1987).

Anm. 29

Für das in der deutschen Übersetzung gewählte Lexem *kläglich* verwendet der Autor im Original einen sizilianischen Dialektausdruck, was er in Form seiner Anmerkung (mit Asteriskus) stichwortartig erwähnt.

Anm. 30

Näheres zu Mineo vgl. Anm. 2 und 3.

Anm. 31

Den (hier ins Deutsche übertragenen) Untertitel hat Giuseppe Bonaviri im Original auf spanischer Sprache eingefügt: *Sobre un pesebre campesino.*

Anm. 32

Dies sind die Vornamen der drei jüngsten Enkelkinder von Giuseppe Bonaviri.

Anm. 33

Raffaella heißt nicht nur die aus Marcianise (bei Caserta nahe Neapel) stammende Ehefrau von Giuseppe Bonaviri (Raffaela Osario, genannt „Lina"), sondern auch das vierte und letzte Kind seiner Tochter Pina, das Bonaviris einzige Enkelin ist (Maria Raffaella Mastandrea, Rufname Raffaella, geboren, am 16.06.1998). Sie ist in diesem Gedicht gemeint.

Anm. 34

La Marsa ist die italienische Denomination des Ortes Al Marsá am Golf von Tunis; hier lebt Rawdha Razgallàh (vgl. Anm. 35), mit der Bonaviri in persönlichem Kontakt steht. Nach eigener Aussage erinnert Giuseppe Bonaviri dieser Name an den westsizilianischen Küstenort Marsala (wörtlich: „Hafen von Allah").

Anm. 35

Rawdha Razgallàh ist eine Bonaviri-Forscherin, die an der Universität von Tunis lehrt.

Anm. 36

„Raffaella, die Bella" bedeutet wörtlich: „Raffaella, die Schöne". Um den Binnenreim im Deutschen wiederzugeben, ist das italienische Epitheton „bella" im Deutschen beibehalten worden.

Anm. 37

„Pina" steht in Bonaviris literarischer Onomastik für seine Tante Pina (Agrippina Rizzo) oder auch für seine Tochter Pina (Giuseppina Mastandrea, geb. Bonaviri), die beide einen Ehemann mit dem Vornamen Michele haben, der im letzten Vers des Gedichtes erwähnt ist. Das Gedicht *A Pina* (dt.: *Für Pina*) richtet sich an die Tochter, die am 19.10.1958 zur Welt kam und am 23.08.1984 Michele Mastandrea heiratete (die Eheschließung fiktionalisiert Bonaviri u.a. in seinem Roman *Il dottor Bilob*), mit dem sie vier Kinder hat. Giuseppe und Giuseppina Bonaviri (= „Pina" – also Vater und Tochter – veröffentlichten 1999 ein Buch unter dem Titel *E il verde ramo oscillò. Fiabe di folli* (Lecce: Piero Manni).

Anm. 38

Nordöstlich von Frosinone, in der Ciociaria gelegene Kleinstadt (vgl. auch Anm. 1).

Anm. 39

Liri ist ein Fluss nahe Frosinone; Näheres zu Frosinone s. Anm. 1.

Anm. 40

Der Ciane ist ein kleiner Fluss, dessen Quelle südlich vor den Toren der ostsizilianischen Hafenstadt Syrakus entspringt. Syrakus soll in der Antike für die Herstellung von Papyrus von Bedeutung gewesen sein, der an den Ufern des Ciane gut gedieh.

Anm. 41

Zu Camùti vgl. Anm. 2.

Anm. 42

(Altrömische) Totenklagen.

Anm. 43

Näheres zu Mineo vgl. Anm. 2 und 3.

Anm. 44

Feines Baumwollgewebe.

Anm. 45

Der amerikanische Astronom Edwin Powell Hubble (1889-1953) fand 1929 heraus, dass sich die Galaxien voneinander entfernen, das All sich also in einer kontinuierlichen Erweiterung befindet.

Anm. 46

Astronom.

Anm. 47

Einwohner Mineos (auch: Mineolaner); Näheres zu Mineo vgl. Anm. 3. Auch im Italienischen gibt es im Lokaldialekt verschiedene Möglichkeiten, die Bewohner Mineos zu bezeichnen: *mineoli, mineoti* oder – wie Bonaviri es hier im Original tut – *menenini.*

Anm. 48

Sehr seltenes, metallisch glänzendes Element, dem Schwefel und Selen ähnlich (Ordnungszahl 52, Atomgewicht 127,60, Symbol: *Te)*; Verwendung in Kupfer- und Bleilegierungen sowie für Medikamente gegen Lepra.

Anm. 49

Chemisches Element aus der Gruppe der Metalle der Seltenen Erden (Ordnungszahl 70, Atomgewicht 173,04, Symbol: *Yb)*; technisch genutzt als Mischmetall.

Anm. 50

Näheres zu Mineo vgl. Anm. 3.

Anm. 51

Dunkles, glasglänzendes, nicht kristallisiertes Ergussgestein (vulkanisches Glas).

Anm. 52

Byssus ist ein feines Baumwollgewebe.

Quellennachweis

Im Folgenden werden die bibliographischen Quellen der für den vorliegenden Band ausgewählten Gedichte von Giuseppe Bonaviri angezeigt. Die italienischen Buchtitel sind in der Reihenfolge ihres Erscheinungsdatums aufgeführt. Die Gedichttitel sind nach Buchzugehörigkeit gruppiert und erscheinen in der Reihenfolge der Seitenzahl innerhalb des italienischen Originals.

Bonaviri, Giuseppe: *Il re bambino. Poesie*, Milano 1990: La madre attraversa la steppa, S. 17; Gianluigi prepotente, S. 30; Pane, S. 44.

Bonaviri, Giuseppe: *Il dire celeste. Poesie*, mit einer Einführung von Giuliano Manacorda, Milano 1993: Annientamento, S. 23; Luna, S. 46; Le sorelle Pépulin, S. 77/78; Festa in paese, S. 81; Ragazzo che compra ulive, S. 87; Val Francesca, S. 88; Spetrare, S. 92/93; Giovinezza, S. 94/95; Piccola madre, S. 106; Dialogo tra il figlio e il padre morto, S. 114/115; Cavalieri con la spada, S. 132/133; Il cardo, S. 158; Qamùt, S. 167; I vecchi, S. 178; Le tavole, S. 183/184; Il sarto al-Aggiàg, S. 189; I quattro amici, S. 197; I frati giuseppini, S. 203; Andromeda, S. 218; Duetto, S. 264/265; Venerdì santo, S. 268; Ribèca, S. 274; Temporale a Camùti, S. 278/279; Il ritorno della vecchietta, S. 296; Solitudine grandissima, S. 302/303; Tutto lo mondo canta, S. 311; Zaìd nel mandorleto in fior, S. 316; Gelosia, S. 327; Effemeride del Re malinconico, S. 345/346; La fossa comune, S. 360/361; Il vento d'argento, S. 384.

Bonaviri, Giuseppe: *Poemillas españoles ed altri luoghi*, Lecce 2000: Sonettino sbilenco. Sobre un pesebre campesino, S. 12.

Bonaviri, Giuseppe: *I cavalli lunari. Poesie*, („Poesia" Nr. 76), Milano 2004: A Pina, S. 56; Bambini a pesca, S. 91; Il nonno racconta alla nipotina, S. 93/94.

Inhalt